1분 안에 호감을 얻는 대화법

1분 안에 호감을 얻는 대화법

석세스라이프 지음

나라원

PROLOGUE

언제 어디서 누구를 만나도
능수능란하게 소통하며
호감을 얻는 비법서

　가만히 있으면 2등이라도 할 것을, 입만 열면 사고치고, 입만 열면 화를 돋우는 사람들이 있다. 특별히 잘못한 것도, 틀린 말을 한 것도 아닌데 듣고 나면 괜히 기분 나쁘게 말하는 사람들도 있다. 사실 이들이라고 일부러 그러겠는가. 다만 '말하는 기술'이 부족할 뿐인 것을.

　친구나 지인, 직장 상사와 동료, 부하 직원, 거래처 관계자 등등 사람들과 대화를 나눌 때 당신의 말투와 화법은 매우 중요하다.

당신이 무심코 던진 말 한마디는 상대를 울컥하게 만들 수도 있고, 중요한 일을 망칠 수도 있으며, 주변 사람들과의 관계를 서먹하게 만들 수도 있다. 태도 역시 중요하다. 당신도 모르는 사이 몸에 밴 나쁜 습관이 사람들과 함께하는 자리에서 불쑥불쑥 튀어나오면 상대에게 불쾌감을 줄 뿐 아니라 당신의 이미지까지 깎여내려갈 수 있다.

이 책은 바로 그런 당신을 위한 '언어 및 태도 습관 개선 도우미'다. 지금까지 알고도 잘못하고 모르고도 잘못한 그 모든 입버릇과 화제들부터 하나씩 하나씩 짚어보고, 새로운 사람과의 첫 대면부터 관계가 발전해가는 과정에서 호감을 얻는 화법, 직장 및 일상생활에서의 상황별 호감 어린 대처법까지 조목조목 따져본다. 즉, 하고 싶은 대로 말하고 행동해도 상대에게 절대 미움 사지 않는 비법을 상세히 소개하는 것이다.

상대를 칭찬하거나 격려할 때, 상대에게 조언을 할 때 그를 기분 좋게 하는 효과적인 화술. 심지어 상대의 의견에 반론을 던지거나, 부하를 나무라거나, 곤란한 일을 부탁하는 등 하기도 힘들고 듣기도 거북한 말을 할 때 상대를 화나게 하기는커녕 오히려 호감을 사는 화술의 포인트. 그 밖에 처음 만나는 사람에게 좋은 인상을 주는 화술, 대화의 흥을 북돋우는 질문법, 대화에 잘 끼어드는 방법, 경청하는 방법, 절대 입에 올려서는 안 되는 금기의 말이나 화젯거리 등을 80가지의 Q&A로 짚어본다.

　이 한 권으로 당신의 말투나 화술을 총 점검하고 개선한다면, 어떤 상황에서 어떤 사람을 만나든 능수능란하게 소통하며 대화를 이끌어나갈 수 있을 것이다. 이로써 이 책은 당신의 인간관계를 지금보다 한 층 더 탁월하게 구축하는 데 큰 도움이 될 것이다.

CONTENTS

프롤로그
언제 어디서 누구를 만나도 능수능란하게 소통하며
호감을 얻는 비법서   5

호감 가는 사람에 대한
당신의 오해들

Q 001 언제 어디서나 웃기는 사람이 되려 합니다	17
Q 002 아무리 화가 나도 무조건 웃습니다	20
Q 003 부탁한 사람이 곤란할까 봐 무조건 "OK!" 합니다	22
Q 004 세련되어 보이려고 '쿨' 한 척합니다	25
Q 005 완벽한 사람이 되려고 노력합니다	28
Q 006 사람들에게 선의 베푸는 것을 좋아합니다	30

BONUS TIP 1   **호감 가는 사람의 특징**
'좋은 사람' 은 누구에게나 호감을 얻는다   32

PART 2

오래 계속 만나고 싶은 사람이 되는
첫인상의 기술

Q 007 평소 표정이 어둡다는 말을 자주 듣습니다	37
Q 008 첫인상이 나쁘다는 말을 종종 듣습니다	39
Q 009 친해지고 싶은 사람과의 첫 만남을 앞두고 있습니다	43
Q 010 낯선 사람과의 첫 만남이 늘 두렵습니다	45
Q 011 첫인상은 얼마 만에 판가름 나나요?	47
Q 012 첫 만남에서 첫 인사는 어떻게 시작하면 좋을까요?	49
Q 013 처음 만나는 사람 앞에서는 저도 모르게 산만해집니다	57
Q 014 처음 만났을 때 자리와 시선은 어떻게 하나요?	61
Q 015 첫 만남에서는 어떤 화제가 좋을까요?	64
Q 016 대화 중에 저의 존재를 강력하게 어필하고 싶습니다	66
Q 017 타고난 목소리가 비호감이면 어떡하나요?	68
Q 018 첫 만남 후 헤어질 때 상대의 표정이 좋지 않습니다	73
Q 019 이성과 소개팅할 때마다 퇴짜를 맞습니다	75
Q 020 연인의 부모님과 처음 만나기로 했습니다	81

BONUS TIP 2 관계를 오래 유지하는 비결
첫 만남보다 그 이후가 더 중요하다   **87**

PART 3

술술술 흥겹게 이어지는
대화의 기술

Q 021	대화를 잘 이끄는 사람들은 무엇이 다른가요?	**93**
Q 022	오랜만에 만난 사람에게는 어떤 인사가 좋을까요?	**95**
Q 023	첫 번째 화제는 어떻게 찾을까요?	**97**
Q 024	이야깃거리를 미리 준비해두면 대화가 순조롭겠지요?	**99**
Q 025	대화를 어떻게 리드해야 할지 막막합니다	**102**
Q 026	상대가 제 질문을 받아주지 않습니다	**105**
Q 027	대화가 자꾸 끊깁니다	**107**
Q 028	말이 느린 편입니다	**109**
Q 029	나름대로 맞장구를 쳐도 상대가 금세 말문을 닫습니다	**111**
Q 030	도무지 대화가 안 통하는 사람과는 어떻게 합니까?	**116**
Q 031	상대의 진심은 말과 행동 중 어디에 담겨 있나요?	**119**

BONUS TIP 3 **빈축을 사기 쉬운 화제**

차라리 말을 아끼는 것이 유리할 때가 있다   **124**

PART 4

상대를 내 편으로 만드는
칭찬과 격려의 기술

Q 032	칭찬을 해주고도 뺨을 맞았습니다	131
Q 033	쑥스러워서 면전에서는 도저히 칭찬이 안 나옵니다	133
Q 034	지인이 새 옷을 입고 왔습니다	135
Q 035	지인인 여성이 헤어스타일을 바꿨습니다	137
Q 036	지인이 자녀의 사진을 보여주면 어떻게 반응할까요?	139
Q 037	친구의 연인을 소개받았습니다	141
Q 038	칭찬받는 것이 어색합니다	144
Q 039	위로해주다가 싸울 뻔했습니다	150
Q 040	친구가 실연을 당했습니다	152
Q 041	외모 때문에 고민하는 사람은 어떻게 위로할까요?	155
Q 042	보편적으로 통하는 위로의 노하우를 알려주세요	158
Q 043	습관적으로 푸념하는 사람은 어떻게 대해야 할까요?	161
Q 044	성의껏 상담을 해줬는데 어쩐지 개운하지가 않습니다	164
Q 045	고민 상담을 해준 다음 관계가 끊어졌습니다	167
Q 046	충고나 조언을 할 때 직설화법과 간접화법 중 어떤 것이 효과적입니까?	173
Q 047	보편적으로 통하는 조언의 노하우가 있나요?	175

> **BONUS TIP 4** **어려움에 처한 사람을 돕는 방법**
> 타인의 어려움을 함께하면 그는 내 사람이 된다   **178**

PART 5

싫은 소리를 하고도 미움받지 않는
거절과 분노의 기술

Q 048	잘못을 바로바로 지적해야 직성이 풀립니다	187
Q 049	누가 봐도 제 의견이 더 탁월했는데 묵살당했습니다	191
Q 050	사심 없이 제 생각을 말했을 뿐인데 친구가 화를 냈습니다	193
Q 051	실수를 차마 고백 못 하겠습니다	196
Q 052	지인이 자꾸만 돈을 빌려달라고 합니다	198
Q 053	빌려준 돈을 계속 못 받고 있습니다	200
Q 054	부담스러운 선물을 받았습니다	202
Q 055	무의미한 관행을 없애고 싶습니다	204
Q 056	참석할 수 없는 모임에 초대받았습니다	207
Q 057	관심 없는 이성에게 프러포즈를 받았습니다	213
Q 058	술을 못 마시니 술자리가 두렵습니다	216
Q 059	꼭 퇴근 무렵 새로운 업무를 지시하는 상사가 있습니다	218
Q 060	한 번의 실수나 잘못도 그냥 넘어가지 않는 상사 때문에 괴롭습니다	220
Q 061	실언이나 실수는 어떻게 만회하나요?	222
Q 062	상대를 배려하는 말이었는데 오해를 받았습니다	225
Q 063	불만을 직접 말하기가 어렵습니다	228
Q 064	화가 나면 감정이 표정에 다 드러납니다	233
Q 065	어쩌다 한 번씩 화를 참지 못해 폭발해버립니다	235
Q 066	상대를 자극하지 않고 화를 표현할 수는 없을까요?	241
Q 067	죽어도 다른 사람에게 부탁을 못 하겠습니다	244
Q 068	적극적으로 도움을 주던 사람이 저를 피합니다	249

BONUS TIP 5   비호감도 체크리스트

상대를 울컥하게 만드는 당신의 입버릇과 태도   253

좋은 평판과 원만한 관계를 유지하는
직장생활의 기술

Q 069	부하 직원을 꾸짖을 때마다 서로 얼굴을 붉힙니다	267
Q 070	상사의 눈 밖에 났습니다	275
Q 071	부하 직원들과 잘 어울리지 못합니다	284
Q 072	회사 사람과 밖에서 마주친 후 관계가 서먹해졌습니다	293
Q 073	남자인 저는 여직원들에게 유독 인기가 없습니다	296
Q 074	같은 여자인데도 여직원들 대하기가 어렵습니다	304
Q 075	은근히 험담에 동조하기를 바라는 분위기에서는 어떻게 하나요?	309
Q 076	상사 험담을 하던 동료가 다음 날 안면을 싹 바꿨습니다	311
Q 077	영업자인데 판매 실적이 저조합니다	313
Q 078	비판이나 독설에 즉각 반응해서 손해볼 때가 많습니다	316
Q 079	기분 좋게 인사했는데 눈총을 받았습니다	319
Q 080	전화 통화할 때마다 오해를 삽니다	325

BONUS TIP 6 회식 자리에서 인기인이 되는 비결

호감 가는 사람이 놀기도 잘 논다   334

부록 | 그 밖에 상황별 호감을 얻는 기술

집으로 초대받았을 때	340
손님을 접대할 때	342
여럿이 함께 식사할 때	346
고급 레스토랑에 갔을 때	351
결혼식장에 갔을 때	355

PART
01

호감 가는 사람에 대한
당신의 오해들

'호감 가는 사람'은
사람들 사이에서 '좋은 사람'으로 통한다.
그리고 흔히 '좋은 사람'이라고 하면
'항상 밝고 즐거운 사람'이라고 생각한다.
하지만 바로 이 말에서 갖가지 오해가 발생한다.
'좋은 사람'이라는 말의 정의 자체가 애매하다 보니
캐릭터를 확대해석하거나
잘못 이해하는 일이 자주 발생하는 것이다.

언제 어디서나
웃기는 사람이 되려 합니다

'언제 어디서나 가벼운 사람'이
될 수도 있습니다.

    때와 장소를 가리지 않고 남을 웃기려 하는 사람이 있습니다. 어떨 때는 자신을 소재로 자학 개그를 선보이기도 하죠. 물론 분위기는 확실히 업! 됩니다.
    하지만 과유불급! 장소와 상황을 가리지 않고 언제 어디서나 익살스러운 행동을 하면 '좋은 사람'이라는 평가를 받고 사랑받기는커녕 '경박하고 가벼운 사람'이 될 수 있습니다. 최악의 경우 그 사실을 본인만 모를 수도 있죠. 우리는 재미있을 때만 웃는 게 아니잖아요? 사람들의 웃는 모습을 액면 그대로 받아들이면 안 됩니다.

비슷한 경우로 항상 밝고 활기찬 모습을 보이기 위해 말을 많이 하는 사람도 있습니다. 언뜻 사람들이 좋아할 것 같지만 의외로 말이 많아서 싫다는 사람도 있어요.

말이 많으면 실수도 많은 법입니다. 말을 많이 하다 보면 굳이 할 필요가 없는 말, 의미 없는 말까지 하게 됩니다. 자기 이야기에 도취되어 듣는 사람이 지루해한다는 것도 모르고 계속 떠들게 되죠. 자기도 모르게 자기자랑이 섞여 나올 수도 있습니다. 그래서 뜻하지 않게 상대로부터 오해를 살 수도 있습니다. 그렇다면 정말 최악입니다.

이럴 바에는 차라리 말수가 적은 사람이 낫습니다. 쓸데없는 말을 계속하는 수다쟁이보다 다른 사람의 말을 들어주는 사람이 환영받습니다. 실언할 확률이 적을 뿐 아니라 오히려 '진중하다'는 좋은 인상을 줍니다.

말 없는 사람은 어디에 있든 눈에 잘 띄지 않고, 왠지 어두워 보여 손해라고 생각하는 사람이 있는데, 꼭 그렇지만은 않습니다. 평소 말수는 적지만 가끔 던지는 말 한마디가 항상 따뜻하고 상냥하다면 그것으로 충분합니다. 이런 사람이야말로 주변 사람들로부터 '좋은 사람'이라는 평과 함께 사랑을 받습니다.

아무리 화가 나도 무조건 웃습니다

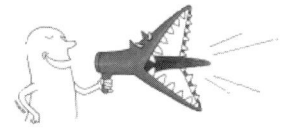

**당신이 억지로 웃고 있다는 걸
사람들은 다 알고 있습니다.**

웃는 얼굴이 좋은 인상을 만드는 가장 강력한 무기라는 것은 틀림없습니다. 하지만 '억지웃음'은 예외입니다. 불만이 있는 상태에서 애써 웃다 보면 눈은 전혀 웃지 않으면서 입가만 미묘하게 일그러져 자칫 상대를 비웃는 듯한 인상을 줄 수 있어요. 억지웃음은 의외로 쉽게 들킵니다.

'얼굴은 웃고 있지만 속으로는 무슨 생각을 하는지 알 수 없는 사람이야.'

이런 식으로 상대에게 오히려 안 좋은 인상을 심어줄 수 있죠.

그러니 웃으려고 마음먹었다면 마음이 먼저 웃어야 합니다. 마음이 웃으면 얼굴에도 자연스럽게 미소가 떠오르거든요. 이것이 진짜 웃는 얼굴이고, 진짜 좋은 사람의 얼굴입니다.

부탁한 사람이 곤란할까 봐 무조건 "OK!" 합니다

덮어놓고 "OK!" 하다가는
KO 당합니다.

남에게 뭔가를 부탁받았을 때 절대 거절 못 하는 사람이 있습니다. 말로는 "부탁한 사람이 곤란할까 봐……."라는 이유를 대지만, 진짜 이유는 마음속 더 깊은 곳에 숨어 있습니다.

'나를 싫어하면 어떡하지?'

'나를 냉정한 사람이라고 생각하면 어떡하지?'

라는 불안이 바로 그 이유입니다. 이것을 스스로 알고 있든 모르고 있든, 알면서도 외면하고 있든, 어쨌든 수락의 이유가 이런 것이라면, '좋은 사람'이 되기는커녕 오히려 이미지에 해만 됩니다.

다른 사람의 부탁을 들어줄 상황이 아닌데 무리하게 수락하는 경우도 문제입니다. 단순한 모임 약속이 아닌 일과 관련된 부탁이라면 문제는 더욱 심각해집니다.

일이 잔뜩 쌓여 바쁜 상황에서 동료가 당신에게 도움을 청했고, 상황이 여의치 않음에도 '좋은 사람'이라는 인상을 주기 위해 수락했는데, 상황이 최악으로 몰려 부탁을 들어주지 못했다고 생각해보세요. 당신은 뒤늦게 "미안해. 도와주기 힘들 것 같아."라고 할 것이고, 당연히 도와줄 거라 믿고 있던 상대는 당황할 겁니다. 처음부터 거절했더라면 다른 대책을 세울 시간이라도 있었을 텐데, 그러기에는 이미 늦은 거죠. 결과적으로 당신은 상대에게 보상할 수 없는 피해를 끼치는 셈입니다. 이런 일들이 거듭되면 당신은 '말만 앞세우는 사람'이 됩니다.

지킬 수 없는 약속이나 할 수 없는 일은 당연히

"할 수 없다."라고 확실하게 거절해야 합니다. 생각해보십시오. 당신이 상대의 부탁을 듣고 그 자리에서 바로 거절할 때와 일단 "알았어!" 하고 수락한 후 뒤늦게 거절했을 때, 어느 쪽이 당신의 이미지를 덜 손상시키겠는지 말입니다.

생각해볼 것은 또 있습니다. '이래도 OK, 저래도 OK 하는 사람'이라는 이미지가 한 번 생기면 사람들에게 '아무리 어려운 부탁도 쉽게 할 수 있고, 귀찮은 일도 언제나 도맡아 해주는 사람'으로 각인됩니다. 나중에 정신 차리고 돌아보면 항상 손해나는 일만 도맡아 하는 자신을 발견하게 될지 모릅니다. 그러다가 정말 상황이 여의치 않아 거절이라도 해보세요. 당신의 이미지는 보통 사람들보다 훨씬 더 낮은 수준으로 떨어져버립니다.

그 순간에 좋은 사람이라는 평가를 받고 싶은 나머지 무리하게 부탁을 수락하는 것은 금물입니다. 진정으로 '좋은 사람'이 되고 싶다면 제대로 완수할 자신이 있을 때만 수락하세요.

세련되어 보이려고 '쿨' 한 척합니다

'쿨하다' 라는 말의 해석 범위는
생각보다 넓습니다.

"쿨(cool)하다!" 라는 말에는 '시원시원하다', '화끈하다' 라는 긍정적인 의미도 있지만, 반대로 '차갑다', '냉소적이다' 라는 부정적인 뜻도 있습니다.

물론 냉정하게 판단하고 대처하는 자세가 문제를 빠르게 해결하는 데 도움이 될 수는 있습니다. 그러나 그런 태도는 시간, 장소, 상대에 따라 잘 판단하고 구분해야 합니다. 평소 감정 기복 전혀 없이 사람들을 대하면 '저 사람은 차갑다.', '무슨 생각을 하는

지 속을 모르겠다.'라는, 다른 사람들이 쉽게 다가가기 어려운 차가운 이미지가 생길 수 있습니다.

반면 '따뜻한 사람'은 누구에게나 '좋은 사람'으로 인식됩니다. '입은 험하지만 인간성은 좋은 사람'이라든가 '무뚝뚝하지만 좋은 사람'이라는 말의 뜻을 아시겠지요? 여기서 말하는 '좋은 사람'에는 공통점이 있습니다. 바로 '따뜻한 인간미를 갖춘 사람'이라는 겁니다. 이런 사람은 특별히 어떤 행동을 하지 않아도 주변 사람들이 호의적으로 바라봅니다. '따뜻한 사람'은 기본적으로 항상 열린 마음으로 상대에게 관용을 베풀면서 상대를 받아들일 자세가 되어 있기 때문입니다.

정말 성품이 좋은 사람은 어딘가 침착하고 온화하며 주위 분위기를 부드럽게 만듭니다. 그런 사람들은 대개 금전이나 손익 계산을 따지지 않고 경쟁심이나 공명심과도 거리가 멀며 남의 약점이나 단점을 보려 하지 않고 그것에 대해 왈가왈부하지도 않죠.

그러니 너무 '쿨'한 것만 생각하기보다 상대를 포

용하는 따뜻한 눈매와 온화한 태도를 보이도록 해보세요. 경쟁심을 드러내지 않고 다른 사람이 경계할 만한 행동을 하지 않는 겁니다. 그러면 많은 사람이 당신을 편안하게 느끼고 사랑하게 될 겁니다.

완벽한 사람이 되려고 노력합니다

당신은 로봇이 아니라 인간입니다.

　2002년에 노벨화학상을 수상한 일본인 다나카 고이치 씨는 아주 '평범한' 샐러리맨이라는 점 때문에 더 크게 주목을 받았습니다. 많은 사람이 다나카 씨에게 호감을 품었죠. 그의 인품 때문이기도 했지만, 솔직한 모습과 긴장하는 모습, 작은 실수 등을 TV를 통해 보인 것도 크게 한 몫 했습니다. 수상과 대담을 나눈 다음,

　"너무 긴장해서 무슨 말을 했는지 기억이 안 납니다."

라고 솔직하게 말하거나, 노벨상 수상 당시 의자에 앉을 때 옆 사람과 머리를 부딪치는 등의 실수를 보인 거죠.

만약 다나카 씨가 '엘리트' 샐러리맨의 모습을 보이며 어떤 상황에서도 절대 흔들리지 않는 완벽한 태도로 일관했다면 아마 그토록 많은 사람이 그에게 친밀감을 가지고 주목하는 일은 없었을 겁니다.

실수와 약점은 누구나 숨기고 싶은 부분입니다. 하지만 무엇에나 완벽한 사람보다 작은 틈 정도는 보이는 사람이 주변 사람들로부터 더 친밀감을 불러일으킵니다. '저 사람도 나와 똑같은 사람이구나. 로봇처럼 완벽한 인간은 아니구나.' 하면서 사람들이 안심하는 거죠.

이것은 사람들에게 호의적으로 다가가는 중요한 포인트입니다. 실수를 너무 많이 보여서도 안 되지만, 약점이나 결점을 너무 감추려드는 것도 그리 좋지만은 않습니다. 인간관계에 있어서는 약간의 빈틈이 호감을 얻는 열쇠가 되기도 하니까요.

사람들에게 선의 베푸는 것을 좋아합니다

'선의(善意)'에 대한 당신의 기준은
과연 무엇입니까?

"이게 다 당신을 위해서야."라는 말은 선의를 강요하는 말입니다. '내가 좋다고 생각하는 건 상대도 좋아할 거야.'라는 오해에서 비롯된 생각이죠.

C라는 여성이 남자친구를 위해 몇 달 동안 밤잠을 줄여가며 손수 머플러를 짜서 선물했습니다. 남자친구는 엄청 감동하며 선물을 받았고, 행복해진 C씨는 스웨터, 목도리, 장갑, 모자까지 차례로 짜서 선물했습니다. 모자를 선물하던 날엔 '다음 달엔 양말도 떠

줄게."라고 말했죠. 그런데 순간 "그만 좀 해!" 하면서 남자친구가 버럭 화를 냈습니다. C씨는 도무지 상황을 이해할 수 없었습니다.

C씨의 남자친구가 왜 갑자기 화를 냈는지 눈치채셨나요? 물론 남자친구도 처음에는 C씨의 정성 그 자체로 감동받고 기뻐했습니다. 하지만 그것이 연이어지다 보니 반갑기는커녕 점차 부담스럽게만 여겨졌죠. 그 선물이 자신의 취향이 아닌 데다 불필요한 물건이었기 때문입니다.

최근 어느 조사에 의하면 남성들은 손수 뜬 머플러 등을 별로 좋아하지 않는다고 합니다. 물론 정성 들인 선물은 좋지만, 평소 그 사람이 뜨개질 제품을 잘 사용하지 않는다면 반가운 선물이 아니라는 거죠.

아무리 선의로 하는 행동이라고 하나 상대의 취향을 고려하지 않은 일방적인 선의는 오히려 정신적인 피해를 끼칠 수도 있습니다.

나에게 기쁜 일이 상대에게도 반드시 기쁜 일은 아니라는 걸 명심하세요.

BONUS TIP 1

호감 가는 사람의 특징
'좋은 사람'은 누구에게나 호감을 얻는다

'호감 가는 사람', 즉 '좋은 사람'의 행동 방식은 크게 여덟 가지로 나눌 수 있다.

1 남의 이야기를 잘 듣는다

누구나 자신의 생각을 충분히 말하고 나면 스트레스가 해소되면서 후련한 기분이 든다. 이런 심리작용 때문에 상대의 이야기를 끝까지 잘 들어주는 사람은 누구에게나 호감의 대상이 된다.

2 항상 긍정적이다

무슨 일이 일어나도 낙관적으로 받아들이고 긍정적으로 대처해나간다. 사소한 일에도 기쁨을 느끼고 활기차게

살아간다. 주위를 밝게 만들기 때문에 모든 사람에게 호감을 얻는다.

3 말과 행동이 일치한다

말과 행동이 다른 사람, 말뿐인 사람, 말만 앞서는 사람은 사람들에게 미움을 산다. 그러나 말과 행동이 일치하는 사람은 다른 사람에게 믿음을 줄 뿐 아니라 든든한 매력까지 발산한다. 그들은 한 번 꺼낸 말은 끝까지 행동으로 실천한다.

4 협동심이 있다

성격이 아무리 좋아도 독불장군이라면 어디서든 환영받지 못한다. 모든 사람과 서로 돕고 함께 기쁨을 느낄 수 있는 사람이야말로 사랑받는 조건을 지닌 사람이다.

5 사과할 줄 안다

실패하거나 잘못을 저지르면 곧바로 "죄송합니다."라고 말한다. 그 순수함에 상대는 금세 화를 가라앉히고 그를 용서하게 된다.

6 붙임성이 있다

유머가 있고 성격이 밝은 사람은 누구에게나 호감을 산다. 항상 웃는 얼굴로 사람을 대하자. 그것만으로도 약간의 결점은 너그러이 용서받을 수 있다.

7 너그럽다

작은 일에 얽매이지 않고 항상 너그러운 마음을 가지고 있다. 주변 사람들은 그런 사람을 '안심하고 믿고 만날 수 있는 사람'이라고 평가하며 좋아하게 된다.

8 부끄러워할 줄 안다

부끄럼을 아는 것은 겸손한 사람이 보일 수 있는 특징이다. 겸손한 사람은 과한 언행을 하지도, 타인을 공격하지도 않는다. 그런 사람은 남에게 호감을 얻게 마련이다.

이 중에서 당신에게 부족한 점이 한 가지라도 있다면 보완하자. '좋은 사람'의 행동 방식을 모두 당신의 것으로 만드는 것이다.

PART
02

오래 계속
만나고 싶은 사람이 되는
첫인상의 기술

많은 사람들이 첫인상에서 이미 상대를 평가하고 판단한다.
'저런 타입은 질색이다.' 라든가
'저 사람과는 생각이 맞을 것 같다.' 라는 식으로
첫인상에서의 좋고 싫음이
이후 만남에까지 영향을 미치는 것이다.
하지만 이 첫인상이라는 것을 100퍼센트 믿을 수는 없다.
같은 사람을 두고도 사람마다 평가가 다르기 때문이다.
첫인상의 판단 기준에는 각자의 성격, 경험 등이
집약되는 것은 물론, 판단하는 사람의 인간성까지 반영된다.
그럼에도 불구하고 첫인상은 중요하다.
첫 만남에서의 호감도가 나중까지 이어지는 경우가
실제로 많기 때문이다.
이것을 원시시대부터 이어져 내려온
인간의 능력 중 하나라고 보는 설도 있다.
위험을 피하기 위해 상대가 아군인지 적인지를 순간적으로
판단해야 했던 시대에 형성된 유전인자라는 것이다.
어떤가. 흥미롭지 않은가?

평소 표정이 어둡다는 말을 자주 듣습니다

**웃는 얼굴도
연습하면 만들 수 있습니다.**

 재미있는 연구 결과가 있습니다. 웃는 얼굴이 멋진 사람 중에는 어릴 때 전학을 자주 다닌 사람이 많다는 사실입니다. 새 친구들을 빨리 사귀고 싶은 마음에 좋은 인상을 주기 위해 의식적으로든 무의식적으로든 자꾸 웃었기 때문일 겁니다.

 그러나 웃는 얼굴도 갑자기 만들면 오히려 역효과가 납니다. 대번에 부자연스러워 보이죠. 평소 자연스럽게 웃는 얼굴이 되도록 연습하는 것이 중요합니다. 웃는 얼굴은 이렇게 만듭니다.

먼저 거울 앞에서 어깨에 힘을 빼고 여러 가지 표정을 지어봅니다. 얼굴 근육이 풀리면 얼굴 양 옆이 뒤로 잡아당겨지는 느낌으로 과감하게 "이?" 하고 말해봅니다. 이때의 감각을 머릿속에 기억해둡니다. 이번에는 가볍게 웃으면서 광대뼈가 비스듬히 위로 당겨지는 느낌으로 "이?" 해봅니다. 이것을 반복하면 자연스럽게 웃는 얼굴이 만들어집니다.

입술 양끝에 약간 힘을 넣어서 입꼬리를 위로 살짝 올리는 것도 중요합니다. 호감형 인상이냐 비호감형 인상이냐의 차이는 바로 입가, 즉 입술 양끝 모양에 달렸기 때문입니다. 입가가 축 처져 있으면 어둡고 슬퍼 보입니다. 아무리 웃고 있고 진지한 표정을 짓고 있다 하더라도 말입니다.

이처럼 혼자 거울을 보며 웃는 연습을 하면 좋은 점이 있습니다. 어떻게 웃을 때 가장 인상이 좋아 보이는지, 매력적으로 보이는지 스스로 파악할 수 있고, 마음까지 조금씩 밝아진다는 것입니다.

첫인상이 나쁘다는 말을 종종 듣습니다

눈빛, 턱짓, 표정을 점검하세요.

① 가능한 눈동자가 크게 보이도록 한다

흔히 "눈에 힘이 있다, 없다."라는 표현을 쓰는데, 이 말은 어느 정도 근거가 있습니다.

한 심리학 실험에 따르면 눈을 뜬 상태에서 눈동자가 크고 확실하게 보이면 상대는 그 사람에 대해 '느낌 좋은 얼굴이다.', '성격이 밝을 것 같다.' 라고 평가한다고 합니다. 반대로 눈동자가 잘 보이지 않으면 '의욕이 없어 보인다.' 또는 '집중력이 없을 것 같다.'라고 판단하죠. 또 상대에게 불신을 품고 있거나 어색한 느낌을 가지면 눈동자가 자연스럽게 수축되고, 눈을 약간 내려뜨는 것으로 나타났다고 합니다.

따라서 눈을 크게 뜨고 상대를 똑바로 바라보면 명랑함과 적극성을 어필할 수 있습니다. 특히 까다로운 사람과 마주했을 때일수록 의식적으로 눈을 크게 뜨세요.

② 턱의 각도에 주의한다

평소 턱에 신경 쓰며 사는 사람은 드물지만, 의외로 턱에 습관이 배어나오는 경우가 있습니다.

턱을 앞으로 내밀고 눈은 내려뜨는 습관을 가졌다면 스스로는 별로 의식 못 하지만 상대는 자신이 무시당한다고 생각할 수 있습니다. 턱을 비스듬히 위로 올리는 습관도 좋지 않습니다. 성의 없는 사람으로 보일 수 있거든요. 이런 습관은 치아가 잘 맞물리지 않아서 자신도 모르게 생긴 습관일 수도 있으니 치과의사와 상담을 해보는 것도 좋습니다.

턱의 각도는 입꼬리와 시선에도 영향을 미치니 턱 자세를 등한시하지 마십시오.

③ 좌우대칭의 생기 있는 표정이 좋다

다른 사람들의 표정을 유심히 관찰해본 적이 있습니까? 잠시만이라도 주의 깊게 보면 불쾌한 표정에는 한 가지 경향이 있다는 것을 알 수 있습니다. 그것은 바로 얼굴의 부분 부분이 뒤틀려 있다는 겁니다. 시선이 비스듬하거나 입꼬리가 삐뚤어져 있거나 얼굴 자체가 정면을 향해 있지 않고 삐딱할 겁니다. 문제는 이처럼 좌우 비대칭인 표정이 상대에게 반감을 줄 수 있다는 것입니다.

반면 상대를 똑바로 바라보고 말할 때 표정이 좌우대칭으로 되어 있으면 성실하고 순진하며 정직한 인상을 풍깁니다.

생기 있는 표정을 짓는 것도 중요합니다. 길을 걷다가 반가운 사람과 우연히 마주치는 순간을 상상해보세요. 당신의 표정은 어떻게 변할까요? 무표정하던 얼굴에 갑자기 생기가 돌면서 환해질 겁니다. 의도하지 않아도 자연스럽게 그리 되겠지요.

다른 사람과 대화를 나눌 때도 마찬가지입니다. 반가운 사람을 우연히 마주쳤을 때의 표정으로 상대와 마주할 수 있다면 좋은 인간관계를 많이 쌓을 수 있습니다. 상대의 말을 들으면서 눈을 마주치고 고개를 크게 끄덕이거나 미소를 짓거나 눈썹을 들어올리거나 눈을 크게 뜨고 바라보는 등 얼굴 표정 전체로 상대에게 마음을 열고 있음을 전달할 수 있습니다.

오랜 세월에 걸쳐 굳어진 습관이라도 지금부터 고치고자 한다면 늦지 않았습니다. 나쁜 습관을 개선하는 것은 분명 어떤 형태로든 인생의 득이 될 것입니다.

친해지고 싶은 사람과의
첫 만남을 앞두고 있습니다

**다른 사람을 통해 당신에 대해
미리 귀띔해두세요.**

친하게 대화를 나눈 적이 없는 상대라도 좋은 인상을 줄 수 있는 방법이 있습니다. 누군가를 사이에 두고 만나는 겁니다.

실제로 어느 심리학 실험 결과에 따르면, 인간은 누군가에 대해 '알고 있다', '들은 적 있다', '본 적 있다'라는 사실만으로도 그 사람에게 이미 친근감을 느끼고, 실제로 그 사람과 만났을 때 '만나 보니 역시 좋은 사람이군.' 하는 식의 긍정적인 인식을 갖는 경우가 많다고 합니다. 예를 들면 이런 식입니다.

당신이 평소 동료를 통해 그의 대학 친구 D씨에 대한 이야기를 자주 들었고, 동료의 결혼식에서 D씨를 만나게 됐다면, 당신은 금세 D씨와 허물없는 사이가 될 가능성이 높습니다. 만난 적도 없고 그저 이야기만 들었는데도 D씨를 호의적으로 받아들일 수 있는 겁니다.

이처럼 '만나기 전에 이야기로 미리 알고 있던 사람에게는 좀 더 쉽게 호감을 품게 된다'는 법칙을 기억해두면 사회생활을 하는 데 무척 유용할 겁니다. 평소 친하게 지내고 싶던 사람을 처음 만나게 되거나 일과 관련해 거래처 사람을 만날 때, 양쪽을 모두 아는 사람에게 당신에 대한 긍정적인 언급을 미리 부탁해두는 거죠. 좋은 인간관계를 빨리 형성할 수 있습니다.

낯선 사람과의 첫 만남이 늘 두렵습니다

'상상훈련'을 해보세요.

'저 사람과는 왠지 궁합이 잘 안 맞을 것 같다.' 라는 생각을 가지고 있으면 그 느낌이 상대에게도 그대로 전달됩니다. 당연히 부정적인 관계가 형성되죠. 물론 반대의 경우도 성립합니다. '저 사람과 나는 왠지 잘 맞을 것 같다.' 라고 생각하면 상대도 그렇게 느끼는 것입니다.

따라서 '상대에게서 호감을 사고 싶다.', '저 사람에게 좋은 사람이라는 인상을 주고 싶다.' 라는 생각이 든다면 당신이 먼저 상대에게 호감을 가지려고 노력하세요.

처음 만나는 사람인 데다 다소 어려운 사람이라면 만나기 전 '상상훈련'이 크게 도움이 됩니다. 오감을 모두 활용해 상대와 기분 좋게 대화 나누는 모습을 영화의 한 장면처럼 실감나게 상상해보는 겁니다. 방법은 이렇습니다.

먼저 배꼽 주변에 힘을 넣고 천천히 깊은 복식호흡을 합니다. 코로 숨을 80퍼센트 들이마시고, 입을 살짝 벌려 길게 100퍼센트 토해냅니다. 그러고 나서,

'나는 지금 긴장하고 있는 게 아니야. 기대감에 가슴이 뛰고 있는 거야.'

'이런 흥분 상태일 때 나는 기분이 참 좋아.'

라는 말을 스스로에게 들려줍니다. 이 '긍정의 주문'을 통해 심리상태가 긍정 모드로 바뀌면 모든 준비는 완료된 셈입니다. 마음에 여유가 생기면서 자연스럽게 호감을 살 수 있는 태도로 말하고 행동하게 됩니다.

첫인상은 얼마 만에 판가름 나나요?

첫인상을 결정짓는 시간은 단 90초!

　사람도 느긋하게 살고, 세상도 느릿하게 돌아가던 시절에는 상대의 성격 같은 건 시간을 두고 천천히 판단할 수 있었습니다. 그러나 현대인은 스케줄에 쫓겨 분 단위로 움직입니다. 상대에 대해 시간을 두고 곰곰이 판단할 시간적 여유가 없습니다. 그래서 만나자마자 상대의 성격이며 됨됨이 등을 판단하는 습성이 자연스럽게 몸에 배었습니다.

　사람이 주의를 집중할 수 있는 시간은 30초라고

합니다. 사람의 흥미는 30초 단위로 항상 새로운 자극, 새로운 정보로 옮겨갑니다. TV 광고가 15초에서 30초인 것도 그런 이유입니다.

   그렇게 짧은 순간에 좋은 인상을 주려면 유념해야 할 세 가지 포인트가 있습니다. 하나는 복장, 몸짓 등의 '외관', 두 번째는 화제 선택, 말투 등의 '태도', 마지막 세 번째는 상대와 주위 사람에 대한 배려 등의 '마음'입니다. 그리고 이 세 가지를 각각 30초씩 어필하면 됩니다. 여기서 '30초×3=90초'라는 공식이 생겼습니다.

   '90초'라는 시간은 대단히 의미가 큽니다. 상대에게 '호감 가는 인물'이라는 인상을 주기까지 90초 안에 모든 것이 결정된다는 것을 명심하세요.

첫 만남에서 첫 인사는
어떻게 시작하면 좋을까요?

**다섯 가지 인사 포인트를
기억하세요.**

　3초 안에 이루어지는 첫 인사는 첫인상의 핵심이라고 할 수 있습니다. 처음 대면하는 사람에게 호감을 사려면 우선,
　"처음 뵙겠습니다. ○○○입니다."
　이렇게 일반적인 첫인사를 한 다음,
　"성함은 익히 들어 알고 있었습니다."
　"뵙게 되어 영광입니다."
　"만나 뵙게 되어 기쁩니다."

이런 식의 인사를 덧붙이면 좋습니다. 이때 얼굴은 물론 웃고 있어야 합니다. 만나서 기쁘다는 마음을 표현하는 거죠. 이런 태도를 보이면 누구나 기분이 좋아집니다. 상대는 분명 당신을 기분 좋은 사람이라고 생각하게 될 거예요.

사실 이건 기본 중에 기본이고, 이 외에 중요한 인사의 포인트가 몇 가지 더 있습니다. 다섯 가지 정도로 정리해보면 이렇습니다.

① 단단하게 그러나 가볍게 악수한다

사적인 자리에서든 비즈니스 자리에서든 악수는 중요한 인사 요소입니다. 손은 단단히 잡되 상대의 눈을 보면서 가볍게 흔드는 것이 포인트죠. 필요 이상으로 세게 잡거나 손을 잡는 둥 마는 둥 손가락만 걸쳐 잡는 것은 상대에게 불쾌감을 줄 수 있으니 유의하세요.

악수할 때 얼굴 표정도 중요합니다. 눈을 반짝이고 미소를 지으면서 마음속으로 상대에게 '당신과 친해지고 싶다.'라는 메시지를 전하는 겁니다. 거울 앞에서 미리 연습해보는 것도 좋습니다.

② 먼저 호의를 보인다
'저 사람에게는 미움받고 싶지 않다.'
'저 사람에게 좋은 인상을 주고 싶다.'
이럴 때 가장 빨리 가장 좋은 효과를 보는 방법은 당신이 먼저 그 사람에게 호의를 보이는 겁니다. 그러면서 '당신과 친해지고 싶습니다.'라는 메시지를 전하세요. 그리고 당신의 심장이 상대에게 정면으로 향하게 하거나 심장을 숨기는 동작, 또는 팔장을 낀 채 인사하는 행동은 삼가야 합니다.

처음 대면하는 사람뿐 아니라 평소 대하기 까다로운 지인, 말 많은 친척, 마음 안 맞는 동료와 상사 등과도 멋지게 커뮤니케이션을 나누고 싶다면, 먼저 상대에 대한 선입견을 버리고 '당신을 좋아합니다.'라는 메시지를 보내세요. 누구라도 나에게 호의를 보이는 사람을 싫어할 수는 없습니다.

상대에게 보여준 호의는 부메랑처럼 반드시 당신에게 되돌아옵니다. 다른 사람에게 호감을 얻는 몸짓과 화법 등 커뮤니케이션의 기술이 필요한 것은 그 다음입니다.

③ 상대의 눈을 똑바로 바라보며 빙그레 미소 짓는다

같은 말이라도 말하는 방법에 따라 상대가 받는 인상은 전혀 달라집니다. 포인트는 시선입니다. 아무리 허리를 깊이 숙여 인사를 해도 시선이 마주치지 않으면 마음이 전달되지 않습니다.

가장 좋은 것은 목례를 하기 전에 상대와 눈을 먼저 마주치고 밝게 웃으며 인사말을 건네는 것입니다.

"안녕하세요?"

"잘 지내셨죠?"

그런 다음 시선을 아래로 떨어뜨리면서 목례를 합니다. 이때 눈을 치켜뜨는 것은 금물입니다. 상대의 안색을 살피는 것처럼 보여 이미지가 나빠집니다. 그리고 상체를 세워 원래 자세로 돌아오면 다시 한

번 상대의 눈을 보며 빙그레 미소를 짓습니다. 미소는 적의가 없음을 보여주는 사인이어서 상대에게 안도감을 줍니다.

이 정도 인사면 완벽합니다. 마음에 거리낌이 없음을 직접적으로 전달할 수 있기 때문입니다. 평소에도 다른 사람의 눈을 보며 말하는 습관을 들일 것을 권합니다.

④ 자기소개를 먼저 한다

당신이 어떤 일을 하는 사람이고, 어떤 생각을 하고 있는지 솔선해서 말하면, 어느덧 상대도 자연스럽게 자신의 이야기를 시작할 겁니다.

동료 직원의 집들이 파티에 초대받아 가서 처음 만나는 사람과 대면했을 때를 예로 들어볼까요.

"처음 뵙겠습니다. ㅇㅇㅇ입니다."

이렇게 이름 석 자만 말하고 인사를 끝내면 상대도 분명 당신과 똑같이,

"처음 뵙겠습니다. ㅇㅇㅇ입니다."

라고만 대답할 겁니다. 상대와 좀 더 대화를 나누고 싶다면, 일단 당신에 대한 정보를 먼저 제공하는 것이 중요합니다.

"처음 뵙겠습니다. ○○○입니다. E씨와는 입사 동기입니다."

그러면 상대도,

"그렇습니까. 저는 ○○○입니다. E와는 중·고등학교에서 야구부원으로 함께 활동했습니다."

라는 식으로 정중하게 대답할 겁니다.

그 밖에 당신이 지금 살고 있는 곳과 출신지, 하는 일 등 간단한 이야기나 신변잡기를 대화에 덧붙이는 것도 좋습니다. "어디에 사시나요?"라든가 "무슨 일을 하세요?"라는 식으로 직접 질문할 때보다 상대는 훨씬 더 안심하면서 자연스럽게 속내를 털어놓을 겁니다.

⑤ 대화하기 좋은 거리를 유지한다

누군가와 대화를 나눌 때 상대에게 편안한 느낌으

로 다가갈 수 있는 거리가 있습니다. 그 거리만 잘 기억해두고 활용해도 상대에게 위압감을 주지 않고, 서먹한 느낌도 주지 않죠.

상대가 잘 느끼지 못할 만큼 몸을 상대 쪽으로 살짝 가까이 하는 것은 '당신과 친해지고 싶다'는 마음을 표현하는 방법입니다. 단, 너무 다가가면 경계심을 품게 되니 좋지 않아요.

친밀도에 따라 다르겠지만, 별로 친하지 않은 상대라면 팔을 뻗었을 때 닿을 정도의 거리, 대략 75~120센티미터의 범위가 좋습니다. 그 이상 다가가면 너무 허물없이 행동하는 사람처럼 보여 나쁜 인상을 주게 되고, 그보다 멀면 좋은 인간관계를 맺기 힘들어집니다. 연인이나 가족 등 친한 사람과 대화할 때는 대략 45센티미터 정도의 거리가 좋습니다. 이렇듯 거리감에 신경을 기울이는 것만으로도 당신은 '느낌 좋은 사람'이라는 인상을 줄 수 있습니다.

한편 대화 상대가 당신보다 키가 작을 경우, 내려다보는 느낌으로 말하면 상대에게 위압적인 인상을 줄 수 있으니 의자에 자연스럽게 앉아서 상대도 착석하기를 유도하는 것이 좋습니다. 그렇게 해서 눈높이를 맞추는 것이지요.

이 같은 사소한 배려가 상대의 마음을 편안하게 만들기 때문에 상대는 당신에게 호감을 품게 됩니다. 그리고 이렇게 3초만 지나면 상대와 좋은 인간관계와 신뢰관계를 맺는 계기를 만들 수 있습니다.

처음 만나는 사람 앞에서는 저도 모르게 산만해집니다

**자연스럽게 긴장을 푸는
방법이 있습니다.**

 당신이 불안감이나 긴장감을 느끼고 있으면 그런 심리상태가 상대에게도 고스란히 전달됩니다. 그중에서도 다리 떨기, 필기도구로 손장난 치기, 머리카락이나 얼굴 만지작거리기 같은 행동은 상대에게 불쾌감을 주는 대표적인 동작이지요. 사람은 움직이는 것에 시선을 빼앗기는 경향이 있기 때문에 상대가 이런 동작을 취하면 신경이 쓰여서 대화에 집중할 수 없습니다. 그보다 더 문제가 되는 것은 손발을 바쁘게 움직이는 안정적이지 못한 행동이 '저 사람 괜찮을까?', '왠지 믿음이 안 가는데……'라는 식의 부정적인 인상을 줄 수 있다는 것입니다.

  우선은 마음에 여유를 갖는 것이 필요합니다. 여유 있고 침착한 몸짓이 당신에 대한 호감도를 높이니까요. 스스로 긴장을 풀면서 상대에게도 안도감을 줄 수 있는 '긴장완화 포즈'를 기억해두면 좋습니다. 몸동작이나 말투 등 전체적으로 긴장이 완화된 분위기를 보여주면 좋은 인상을 줄 수 있어요. 가장 간단하게 취할 수 있는 포즈는 앉아 있을 때입니다.

  남성의 경우 의자에 깊숙이 앉아서 다리를 살짝 벌리고, 양팔은 몸 옆에 자연스럽게 둡니다. 느긋하게 상대를 받아들이는 느낌으로 앉기만 하면 됩니다. 장소가 허락된다면 다리를 꼬고 앉아서 여유 있는 분위기를 보여주는 것도 좋습니다. 몸을 감싸듯이 팔짱을 끼는 것은 거부의 몸짓이지만, 평소처럼 다리를 꼬고 앉는 것은 '말하기 편한 사람', '도량이 큰 사람'이라는 인상을 줄 수 있습니다. 다만 상반신을 너무 뒤로 젖히고 앉으면 권위적이라는 인상을 줄 수 있으니 주의합니다.

여성의 경우도 앉을 때는 역시 의자에 깊숙이 앉고 다리를 가지런히 예쁘게 둡니다. 테이블이 앞에 있을 때는 양팔을 그 위에 얹으면 됩니다. 단, 앉을 때 절대 다리를 벌리지 않습니다. 다리 꼬는 자세를 자주 바꾸는 것도 도발적인 태도로 보일 수 있습니다.

그런 다음 남녀 모두 양손을 펴고 상체는 상대를 향해 약간 기울이세요. '당신을 받아들이고 있습니다. 안심하세요.'라는 메시지가 전달되면서 상대는 당신을 '대화하기 편한 좋은 사람이구나.'하고 느끼게 될 것입니다.

한편, 자기도 모르게 팔짱 끼는 경우를 주의해야 합니다. 몸을 숨기는 동작은 자신을 방어하면서 상대를 온몸으로 거부하고 있다는 마음의 표출입니다. 실제로 상대에 대한 불만, 저항, 불안이라는 부정적인 감정은 무의식중에 자신의 몸을 팔로 감싸거나 팔짱을 끼는 자세로 나타납니다. 상대는 자신이 거부당하다는 것을 민감하게 알아차리죠. 이렇게 되면 아무리 오래 대화를 나눠도 서로 만족스러운 대화를 나눌 수 없습니다. 방어의 몸짓은 조건반사적으로 나오기 때문에 억제하기 힘들 수도 있습니다. 그러나 팔짱을 끼는 버릇이 있다는 걸 인지하고 있는 이상, 그럴 때마다 의식적으로라도 얼른 팔짱을 풀어서 상대로부터 경계심을 사지 않도록 하세요.

마지막 방법은 상대가 앞에 있을 때 외투의 단추를 자연스럽게 푸는 겁니다. 당신 스스로도 긴장이 풀릴 뿐 아니라, 심장 근처를 감추지 않고 드러냄으로써 상대에게 마음을 열고 있다는 메시지도 전할 수 있습니다. 어떤 일이 일단락되었을 때 안도의 숨을 내쉬면서 넥타이를 푸는 것과 같은 이치입니다. 마음의 긴장이 풀리면 몸도 긴장을 풀고 싶어지잖아요. 긴장이 완화된 태도는 모든 사람에게 호감을 줍니다.

이와 같은 몸짓언어들을 적극적으로 활용해보세요.

처음 만났을 때
자리와 시선은 어떻게 하나요?

상대와 정면으로 마주 앉되,
시선 처리는 상대에 따라 융통성을 발휘하세요.

 누군가와 대화할 때의 자세는 대체로 마주보거나 옆에 앉아 어깨를 나란히 하는 경우 둘 중 하나일 겁니다. 이때 앉는 위치에 따라 호감도를 높일 수 있는 방법이 있습니다.

 마주보고 앉을 경우는 되도록 몸을 상대에게 정면으로 보이도록 하세요. 심장을 감추지 않고 상대에게 보임으로써 '마음을 열고 당신을 신뢰하고 있다'는 메시지를 전달할 수 있기 때문이죠. 그러면 상대도 안심하고 당신에게 자연스럽게 다가설 수 있습니다. 적대감을 표현할 때 '등을 돌린다'는 표현을 쓰는 것도 같은 이치입니다. 상대와 마주하지 않는 자세는 실제로도 대화를 거부하는 태도로 받아들여지거든요.

마주보더라도 가능한 한 책상 모서리에 가깝게 앉는 것이 좋습니다. 상대와 일직선으로 마주 앉지 않고 살짝 비껴 앉는 거죠. 서로의 시선이 약간 교차되면 긴장을 풀 수 있기 때문입니다. 이런 위치는 카운슬링을 할 때 자주 사용되는 방법이기도 합니다.

서로 어깨를 나란히 하고 앉을 때는 몸 위치를 다소 비껴 앉되, 상대의 왼쪽에 앉는 것이 좋습니다. 사람의 감정은 오른쪽보다 왼쪽 얼굴에 더 잘 나타나기 때문에 상대의 표정을 읽으면서 커뮤니케이션할 수 있거든요.

이야기를 나눌 때 시선을 어디에 두는지도 매우 중요합니다. 눈동자를 이리저리 움직이면 어딘가 불안해 보이고, 상대의 눈을 너무 똑바로 보면 상대의 마음이 불편해집니다. 따라서 시선은 가능한 한 상대의 어깨와 이마 사이에 머무는 것이 좋습니다.

  시선에 특히 주의해야 하는 경우가 있습니다. 상대가 외모 콤플렉스를 가지고 있는 경우입니다. 이때는 시선 맞추는 일을 되도록 피하는 것이 좋습니다. 가령 치열이 고르지 않거나 얼굴에 큰 점이 있거나 머리숱이 적은 상대라면 그 부분에 분명히 신경 쓰고 있을 테니, 그런 부위는 가급적 응시하지 않는 것이 예의겠지요. 자칫 무심코라도 그 부분을 응시하게 되면 상대는 그 자리를 얼른 벗어나고 싶어 할 뿐 아니라 당신에 대해서도 좋지 않은 인상을 갖게 됩니다.

첫 만남에서는
어떤 화제가 좋을까요?

**상대의 성향을 먼저 파악한 다음
자신 있어 하는 분야를 다루세요.**

　처음 만나는 사람과 대화할 때는 상대가 자신 있어하는 분야를 화제로 다루는 것이 포인트입니다. 이것은 미국의 어느 유명한 대인 컨설턴트의 조언에 따른 것입니다. 그러면 상대는 대번에 흥미를 보이며 적극적으로 대화에 나서게 되죠. 당신에 대한 인상이 좋아지는 것은 물론입니다.

　단, 그전에 상대가 시각, 청각, 운동감각 중 어떤 감각을 이용한 정보에 더 의존하는지 먼저 읽을 필요가 있습니다.

  일반적으로 스포츠맨은 운동감각, 옷차림이 멋스러운 사람은 시각, 자기소개가 긴 사람은 청각 정보를 중시하는 경향이 있습니다. 이 기준을 참고로 상대가 운동적 타입이라면 스포츠, 시각적 타입이라면 패션과 미술, 청각적 타입이라면 음악에 대한 화제를 거론해보세요. 대부분 상대가 좋아하는 화제에 그대로 들어맞을 겁니다. 그리고 상대는 당신에 대해 '기분 좋게 해주는 사람이구나.' 라고 느끼며 호감을 갖게 될 겁니다.

대화 중에 저의 존재를 강력하게 어필하고 싶습니다

**대화 중 상대의 이름을
간간이 끼워넣어 말하세요.**

인간이 가장 반응을 잘 보이는 말, 그것은 바로 자신의 이름이라고 합니다. 처음 만나는 사이일수록 자신의 이름에 대한 반응이 더욱 강하게 나타나죠.

"그렇죠, ○○ 씨?"

"×× 씨도 거기 계셨군요."

이런 식으로 상대의 이름을 대화 중에 적극적으로 쏙쏙 끼워넣는 것이 포인트입니다.

당신의 입에서 상대의 이름이 몇 번씩 나올 때마

다 상대는 '저 사람이 나를 마음으로 받아들였구나.'라는 생각에 안심하게 되고, 당신에 대한 인상도 좋아집니다. 또 당신은 상대의 이름을 단단히 기억하게 될 테고, 그런 당신을 보면서 상대도 당신의 이름을 기꺼이 또박또박 기억해줄 겁니다.

타고난 목소리가 비호감이면 어떡하나요?

**타고난 목소리 자체를 바꿀 수는 없지만,
목소리의 분위기는 바꿀 수 있습니다.**

 "저 상사와는 도저히 궁합이 안 맞아. 말하는 것만 듣고 있어도 피곤해." 이렇게 푸념하는 F 사원. "F씨는 매사에 의욕이 없어서 통 믿음이 가질 않아." 이렇게 역정을 내는 상사. 당사자인 두 사람도 매번 부딪힐 때마다 싫겠지만, 그들의 대화를 항상 들어야 하는 사람들도 언제 터질지 모르는 폭탄을 안고 있는 것처럼 불안하고 짜증스럽긴 마찬가지입니다.

 그런데 두 사람의 대화를 가만 들어보면 상사는

항상 질책하듯 큰 소리로 말하고, F씨는 기어들어가는 목소리로 대답합니다. 자연히 상사가 몇 번씩 되묻는 상황이 반복되죠. 타고난 목소리 크기, 높낮이, 성량 등이 달라서 벌어지는 일이기 때문에 어느 한 사람의 잘잘못을 따지기는 어려운 상황입니다.

목소리가 상대에게 잘 전달되도록 하는 것도 호감을 얻는 조건의 하나입니다. 말이 잘 들리지 않으면 그 자체만으로 상대가 불편해지기 때문이죠. 기본적으로 상대가 큰 소리로 말할 때는 똑같이 힘 있게 말하고, 조용히 말할 때는 똑같이 조용하고 안정된 목소리로 말해야 합니다. 같은 성량으로 말하는 것만으로도 서로 기분 좋게 소통할 수 있거든요.

목소리는 좋고 싫음의 감정을 유발하는 중요한 요소 중 하나입니다. 같은 말이라도 목소리 어조에 따라 상대가 받아들이는 인상이 완전히 달라질 수 있습니다.

목소리 자체는 선천적인 것이라 바꿀 수 없지만, 많은 사람이 호감을 갖는 느낌 좋은 목소리는 만들어나갈 수 있습니다. 그것을 위한 몇 가지 포인트를 짚어보겠습니다.

① 목소리의 진로를 시각적으로 상상한다

목소리 훈련법 중 내 목소리가 상대를 향해 똑바로 나아가는 모습을 상상하면서 말하는 것이 있습니다. 목소리를 시각화하는 것이죠. 카멜레온이 사냥감을 노리고 혀를 쑥 내미는 모습과 같다고 생각하면 됩니다. 듣는 사람이 많을 때는 '카멜레온의 혀', 즉 목소리 진로의 폭을 넓혀서 전원을 포획하듯 말하세요. 이런 식으로 목소리를 시각화하는 연습을 거치면 목소리도 또렷해지고 발음도 개선되는 효과를 볼 수 있습니다.

② 목소리의 톤, 크기, 높낮이를 상대에게 맞춘다

스포츠 중계방송을 듣고 있으면 득점 기회 장면에서 아나운서의 말이 점점 빨라지고 목소리가 커지면서 열기를 띱니다. 이윽고 곧 득점이 될 것 같으면 목소리는 한층 커지고 톤도 올라가서 실제 경기장의 열광과 흥분이 고스란히 전해집니다. 만약 이런 상황에서 뉴스 원고를 읽듯 낮고 안정된 목소리가 흘러나온다면 경기장의 고양된 분위기가 전혀 전달되지 않겠지요.

목소리의 높낮이는 사람들과의 대화에서도 중요합니다. 상대의 기분과 화제에 맞춰 목소리의 높낮이를 효과적으로 조절해보세요. 상대와 동류의식이 생기면서 의사소통이 원만해질 겁니다. 예를 들면 이런 식입니다.

친구가 지난 주말에 애인과 관람한 공포영화 이야기를 시작했다고 해봅시다. 그때 친구 목소리의 어조에 유의해서 들어보세요. 공포영화를 좋아하는 친구가 긴장된 표정으로 숨죽여가며 이야기하면 당신도 공포스러운 장면을 함께 보는 듯 인상을 찌푸리며,

"헉! 그랬구나."

하고 긴장된 어조로 대답하는 것이 포인트입니다.

만약 무서운 이야기인데도 친구가 즐거운 듯이 말하면 당신도 그에 맞춰 즐거운 어조로 이야기하면 됩니다.

  이처럼 상대와 같은 어조로 목소리를 내기만 해도 상대는 '내 마음을 알아주는 사람'이라며 당신에게 호감을 품을 겁니다.

018

첫 만남 후 헤어질 때
상대의 표정이 좋지 않았습니다

**헤어지는 마지막 순간까지
마음을 표현해야 합니다.**

 헤어질 때 혹시 그저, "안녕히 가세요. 또 만나요." 라는 식의 무미건조하고 성의 없는 인사를 건네지는 않았습니까? 최소한 먼저 작별의 악수를 청하면서,
 "오늘 만나주셔서 감사합니다. 덕분에 즐거운 시간을 보냈습니다."
 라는 감사의 마음은 전했어야지요. 그리고 이어서,
 "추워진다고 합니다. 감기 걸리지 않도록 건강 유의하세요."

라고 상대를 염려하는 말을 덧붙였다면 더 할 나위 없이 완벽했을 겁니다.

이런 인사말을 남기고 헤어지면, 상대는 당신에 대한 좋은 인상을 두고두고 기억에 새기게 될 겁니다. 마치 영화의 마지막 장면이 기억에 남는 것처럼 말이죠.

이성과 소개팅할 때마다 퇴짜를 맞습니다

당신의 행동을 점검해보세요.

 아마 당신이 느끼지 못하는 좋지 않은 습관이 몸에 배어 있을지 모릅니다. 이성과의 만남에서 치명적인 행동들을 몇 가지 살펴봅시다.

① 시선이 불안하다

 소개팅이라고 하면 금세 눈을 반짝이는 직장 여성 G씨. 그녀는 최근에 이상형을 만났습니다. 옷차림이나 헤어스타일이 아주 멋스럽고 얼굴도 그녀가 좋아하는 배우를 닮아서 보자마자 반했죠.

"그 사람은 말하는 것도 어딘가 달랐어요. 우주 이야기라든가 정신세계에 대해 이야기하는데 신기했죠."

그런데 그런 기분도 잠시, 점점 이상한 기분이 들면서 기분이 나빠지기 시작했답니다.

"저와 이야기하면서도 시선이 붕 떠있질 않나, 주변 여자들을 힐끔힐끔 자꾸 훔쳐보는 거예요."

외모도 마음에 들고 화제도 재미있어 좋았지만, 시선이 한 곳에 머물지 못하고 이리저리 눈동자를 굴리는 모습 때문에 전혀 믿음이 가지 않는다며 G씨는 그 남자를 다시 볼 생각이 없다고 했습니다.

② 인사하자마자 전화번호부터 묻는다

속이 빤히 들여다보이게 행동하는 사람은 어디서든 환영받지 못합니다. 이를테면 여러 사람이 함께하는 미팅 자리에서 관심 없는 사람에게는 눈길조차 주지 않으면서 마음에 드는 사람하고만 이야기하는 식이죠. 그중에서도 최악은 "처음 뵙겠습니다."라고 인사하자마자 모두가 겨냥하고 있는 예쁜 여성 또는 잘생긴 남성에게만 눈길을 주며 "전화번호가 어떻게 되세요?"라고 묻는 겁니다.

미팅이나 소개팅 자리에서의 만남은 '자기소개 → 마음 털어놓기 → 좋은 분위기 조성 → 교제 시작'이라는 단계를 자연스럽게 거치게 마련입니다. 그 과정들을 단숨에 뛰어넘어버리면 진지한 만남에 대한 최소한의 룰도 모르는 사람이라는 평가를 받으며 모두에게 퇴짜를 받을 수 있습니다.

③ 명품으로 치장한다

고급 명품으로 온몸을 치장한 사람은 이성은 물론 동성에게도 반감을 사며 미움받기 쉽습니다. 속물이나 속 빈 강정으로 비칠 수 있기 때문입니다.

특히 요즘은 옷차림이 화려하고 겉모습만 번지르르한 사람보다 친근한 옆집 오빠 같은 타입의 남성이 여성에게 인기를 끌 확률이 더 높습니다. 축구선수로 치면 데이비드 베컴보다 박지성 선수 같은 타입이 더 좋다고 할 수 있죠.

분수에 맞는 옷차림으로 자연스러운 모습을 보이세요.

④ 쉽게 친한 척하며 스킨십을 시도한다

사이가 조금이라도 가까워졌다 싶으면 기다렸다는 듯이 과도하게 친밀감을 어필하고 싶어 하는 사람이 있습니다. 물론 서로가 인정한 연인 사이로 친구들 모임에 참석했다면 문제될 것이 없습니다. 하지만 서로 처음 대면하는 미팅 자리에서 무턱대고 상대를 '나의 여자', '나의 남자' 취급하면 '나의 여자', '나의 남자' 취급을 받은 사람이 불쾌해지는 것은 말할 것도 없고, 주변 사람들 역시 너무 앞질러 나가는 것 같다고 생각하며 기분 나빠할 수 있습니다. 뒤늦게 상황을 파악했을 때는 혼자만 즐거운 기분에 빠져 있었음을 깨닫고 비참해질 겁니다.

특히 조심해야 할 것은 취기가 올랐을 때입니다. 이때 어깨를 비비거나 손으로 등을 어루만지는 등 아무렇지 않게 신체 접촉을 하는 사람이 있어요. 이런 스킨십이 소개팅이나 미팅의 성공 노하우라고 주장하는 사람도 있지만, 명백한 오산입니다. 여성이 그런 행동을 한다면 '아양 떠는 여우'가 되고, 남성이 그런다면 '속이 시커먼 늑대'로 찍혀 반감을 살 것이 분명합니다.

더구나 아무에게나 이 같은 방법으로 친밀감을 보이는 사람은 동성 사이에서도 환영받지 못합니다. 미움을 살 뿐더러 심할 경우 우정에 금이 갈 수도 있음을 명심하세요.

⑤ 친구 모드로 일관한다

미팅이 종반에 이르렀을 때 당신에게 한 여성이 "○○ 씨는 좋은 사람인 것 같아요."라며 친밀감을 보인다면 유감스럽게도 그 사람과는 연인으로 발전할 가능성이 낮습니다. '느낌이 너무 좋은 사람'을 연기해버린 탓에 상대 여성의 마음속에서 '친구'로 분류되어버렸기 때문이죠. 일단 '친구 모드'에 들어가버리면 '연인 모드'로 돌아가기가 상당히 어렵습니다.

이런 상황을 피하고 싶다면 주변 분위기에 신경을 쓰면서도 점찍어둔 사람과 반드시 둘이서만 이야기할 시간을 갖도록 하세요. '당신은 내게 이성입니다.' 라는 느낌을 확실하게 어필하는 것이 중요합니다.

연인의 부모님과 처음 만나기로 했습니다

**부모의 입장, 부모의 마음으로
생각하고 행동하세요.**

 연인의 부모를 처음 만날 때는 '나를 싫어하시면 어쩌지.' 하는 마음에 긴장부터 하게 마련입니다. 그러나 몇 가지 포인트만 알아두면 걱정할 것 없습니다. 분명 호감을 살 수 있을 겁니다.

 ① 예의 있는 복장을 갖춘다
 옷차림은 첫인상을 크게 좌우하는 중요한 요소인 만큼 어른들이 좋아할 만한 복장과 헤어스타일을 연

출해야 합니다. 여성의 경우 모두가 호감을 품을 수 있도록 정갈하고 얌전한 옷을 입으세요. 플레어스커트를 추천합니다. 좌식 테이블 바닥에 앉아도 다리 자세가 흐트러지지 않고 보기에도 불편하지 않거든요. 노출이 많은 옷, 얌전하지 못한 옷, 짙은 화장과 강한 향수 등은 절대 피하십시오.

② 마음이 담긴 인사 선물을 준비한다

인사 선물도 중요합니다. 인스턴트식품, 집 근처 어디서나 살 수 있는 물건은 선물을 안 하느니만 못합니다. 그저 형식을 갖추기 위한 선물로 비치기 때문에 받는 사람에게 전혀 감동을 줄 수 없습니다.

가장 좋은 선물은 유명 떡집에서 파는 떡이나 유명 과자점에서 파는 옛날과자 같은 것입니다. 연인의 양친이 평소 좋아하는 것을 미리 알아두면 도움이 되겠지요. 되도록이면 파는 곳까지 직접 찾아가서 사오는 정도의 정성과 노력을 기울이세요. 물론 힘들게 구입했다는 말을 당신이 직접 하는 것은 좋지 않습니다. 연인이 부모님께 자연스럽게 전하도록 하는 것이 가장 좋습니다.

③ 첫 대면의 순간, 첫인사가 중요하다

드디어 연인의 부모와 첫 대면하는 순간, 이때 인사를 어떻게 하느냐에 따라 당신의 인상이 좋아질 수도 있고 나빠질 수도 있습니다.

거실 소파에 앉아 부모님이 나오시기를 기다리는 상황이라면, 부모님이 모습을 드러내는 순간 소파에서 일어나 허리를 숙이면서 분명한 목소리로 인사합니다. 소파에 앉은 채, 혹은 소파에서 허리만 겨우 일으킨 채 엉거주춤한 모습으로 인사하는 것은 예의에 어긋납니다. 좌식 거실에서도 마찬가지입니다. 부모님의 등장과 동시에 즉각 자리에서 일어나 예를 갖춰 인사합니다.

이런 인사가 자연스럽게 이뤄지면 당신의 첫인상은 일단 충분히 합격점을 받을 수 있습니다.

④ 처음부터 '아버님', '어머님'이라고 부르지 않는다

연인의 부모와 아직 친해지기 전이라면 '아버님', '어머님'이라고 부르는 것은 실례입니다. 어쩌면 여성의 부친에게, "내가 왜 자네 아버지야!"라는 호통을 들을지도 모릅니다. 그러니 연인의 이름을 붙여서,

"저의 아버지의 고향은 ○○입니다. ○○ 씨(연인의 이름) 아버님의 고향은 어디십니까?"

라는 식으로 말합니다.

⑤ 술상 앞에서는 더욱 긴장한다

남성의 경우 피할 수 없는 것이 연인의 부친이 권하는 술입니다. 여기에서 거절하면 "남자가 술도 못 마시나?"라며 남자답지 못하다는 평가를 받을 수 있죠. 그래도 정말 술을 못 마신다면,

"제가 술에 좀 약합니다."

라고 말한 다음, 함께 건배하는 정도로 분위기를 맞추는 것이 좋습니다.

반대로 술을 잘 마신다면, 괜히 분위기에 휩쓸려

과음하지 않도록 주의합니다. 연인의 부모가 내심 '실컷 먹여서 본성을 한 번 체크해봐야지.' 하며 술을 마구 권할지 모릅니다. 거절하기 어려워 주는 대로 마셨다가는 만취해서 큰 실수를 저지를 수도 있습니다. 그 실수는 만회하기 어렵습니다. 평소보다 조금 느린 속도로 적당히 마시세요.

⑥ 모친의 마음을 먼저 사로잡는다

연인의 모친에게 점수를 따려면 '부모의 마음'을 헤아릴 줄 알아야 합니다. 연인의 어린 시절을 이야기해달라고 하는 것이 가장 좋은 방법이죠. 그러면 분명 즐거운 마음으로 흔쾌히 이야기해줄 겁니다.

단, 모친의 즐거운 추억담을 듣다가 자기도 모르게 긴장을 풀고 연인의 이름을 함부로 부르거나 장난식으로 맞장구치지 않도록 주의하세요. 연인을 반드시 "ㅇㅇ 씨"라고 부르며 존중하는 태도를 유지해야 합니다. 그렇지 않으면 모친은 당신이 자신의 자녀를 함부로 대하는 것 같아 기분이 상할 겁니다.

⑦ 시간이 너무 늦기 전에 나온다

저녁식사가 끝나고 이야기도 점점 무르익다 보면 어느새 밤이 깊어집니다. 그때 연인의 부모가 자고 가라고 권한다면 어떻게 해야 할까요?

단순 인사치레로 말하는 것일 수 있으니 기다렸다는 듯 덥석 받아들이지 않도록 합니다. 나중에 "처음 온 주제에 자고 가란다고 정말 자고 가는 가벼운 사람"이라는 말을 들을 수 있습니다.

가장 좋은 것은 자고 가라는 말이 나올 만큼 늦어지지 않도록 그전에 일어서는 것입니다. 여성이라면 늦어도 밤 10시에는 집을 나서세요. 아직 낯선 사이인데 남의 집에 오래 있는 것 자체가 기본적으로 폐가 되는 일입니다. 그리고 집에 도착하자마자 전화해서,

"오늘은 정말 감사했습니다."

라고 감사 인사를 전합니다. 예절교육을 잘 받은 사람이라는 인상을 주므로 첫 방문은 성공적으로 마무리한 셈이 됩니다.

BONUS TIP 2

관계를 오래 유지하는 비결
첫 만남보다 그 이후가 더 중요하다

1. 상대의 반응을 되짚어본다

누군가와 대화를 나눈 뒤에는 '상대의 반응이 어땠는가?', '내 목적에 부합되는 반응인가?' 이 두 가지를 돌이켜 볼 필요가 있다. '실행-반성-계획 수정'의 과정을 검토함으로써 이상적인 인간관계를 만들어갈 수 있다. 누구에게나 같은 태도로 일관하라는 의미가 아니다. 커뮤니케이션이 잘 이루어지지 않는 경우에는 접근방식을 바꿔볼 필요가 있다는 뜻이다. 목소리 톤, 말투, 몸짓 등에 변화를 주어 다양한 접근 방식을 시도해보자.

2. 마주할 기회를 많이 만들어 친해진다

'먼 친척보다 가까운 이웃이 낫다'는 속담이 있다. 실제로 우리는 가까이 있으면서 자주 얼굴을 마주하는 사람에게 더욱 친밀감을 느낀다. 직장 내 커플이 많은 것도, TV 광고를 통해 어떤 상품을 자주 접하면 자신도 모르게 친밀감을 느끼며 쉽게 구매하게 되는 것도 같은 이유다. 따라서 특정 상대에게 '좋은 사람'이라는 인상을 주고 싶다면 그 사람에게 평소 적극적으로 인사하고, 식사와 놀이 등으로 얼굴 마주할 기회를 자주 만드는 것이 좋다. 끈기 있게 접근하는 것이 중요하다.

3 약속을 잘 지킨다는 인상을 심어준다

단순한 일임에도 불구하고 사람들은 의외로 시간 약속을 잘 지키지 못한다. 그런데 시간 개념이 흐릿하면 본인이 상상하는 것 이상으로 신뢰도가 떨어지며 평판이 나빠진다. 바꿔 말하면 약속시간만 잘 지켜도 '저 사람은 신뢰할 수 있다.'는 좋은 인상을 줄 수 있는 것이다.

약속방법이 매우 독특한 어떤 회사원이 있었다. 그는 거래처에 일부러 "2시 10분에 뵙겠습니다."라는 식으로 정시가 아닌 '10분'이니 '15분'이니 어중간한 시간을 정한 후, 그 시간에 딱 맞춰 방문했다. 상대는 대부분 '어중간한 시간인데 정말 그 시간에 올지 한번 보겠어.' 하는 심정으로 기다리다가 실제로 그가 약속시간에 딱 맞춰 나타나면 "당신 참 독특한 사람이네요." 하며 흥미로워했다고 한다. 그는 이런 방법으로 상대의 마음을 단숨에 사로잡은 뒤 서서히 신뢰를 쌓아나갔다.

4 상대를 고르지 않는다

사귀는 상대를 고른다면 그것은 상대의 힘에 의존하고 있다는 뜻이다. 권력 있는 사람, 돈 있는 사람, 능력 있는 사람만 골라 사귄다고 해서 당신의 삶이 반드시 더 나은 방향으로 변하지는 않는다. 오히려 사람들은 그런 속셈을 간파하고 당신을 경멸할지도 모른다.

인간관계는 항상 대등해야 한다. 타인을 이용하거나 의존하려는 사람을 '좋은 사람'이라고는 생각하는 사람은 없다.

누구나 자신의 이야기를 하고 싶어 한다.
누군가가 자신의 이야기를 들어주기를 바라고,
그 이야기를 통해 자신을 이해해주기를 바란다.
인터넷 블로그나 미니홈피를 통해 자신이 좋아하는 책과
영화 이야기를 쓰고 일기를 공개하는 사람이 많은 것도
그런 이유다.
평소 사람들과 나누는 대화에서도 그들의
'말하고 싶어 하는 욕구'를 충족시켜 주면
'내 이야기를 잘 들어주는 느낌 좋은 사람'으로
당신을 기억해줄 것이다.

대화를 잘 이끄는 사람들은 무엇이 다른가요?

**상대의 희로애락에
장단을 맞추세요.**

　주변 사람들로부터 "저 사람은 좋은 사람이다."라는 말을 듣는 사람들에게는 공통점이 있습니다. 상대가 처한 입장과 상황, 상대의 기분에 공감하는 능력이 탁월하다는 겁니다. 가령 상대가 회사 일로 고민하고 있으면 같이 고민해주고, 신이 나서 여행 이야기를 하면 그 말에 맞장구를 치면서 즐겁게 들어주는 겁니다.

　상대의 희로애락에 함께 장단을 맞추는 것만으로

도 신뢰감을 주는 훌륭한 소통능력을 가진 셈입니다. 상대가 하는 말에 상상력과 오감을 총동원하여 함께 울고 웃으면, 상대는 '나와 느낌이 통하는 사람이구나.'라고 여기면서 당신에게 동류의식을 품게 됩니다.

오랜만에 만난 사람에게는 어떤 인사가 좋을까요?

"반갑다"는 말만으로도
충분합니다.

 정말 오랜만에 클럽에 들른 H씨. 그곳에서 예전부터 일하고 있던 여직원과 마주쳤습니다. 반가운 마음에 "어?! 아직도 여기 있네?"라고 했는데, 순간 그녀는 싸늘한 표정으로 대꾸도 없이 몸을 획 돌려 가 버렸습니다. H씨는 뭘 잘못한 걸까요?

 추측건대 그 여성분은 "어?! 아직도 여기 있네?"라는 H씨의 말을 "아직 결혼도 못하고 여기서 뭐 하는 거야?"라고 받아들였을지도 모르겠습니다.

"살쪘네요. 처음에 몰라봤어요."
"옛날 얼굴이 아니네요."
라고 말하지 않은 것만도 다행입니다.

오랜만에 만난 지인에게는 다시 만나 기쁘다는 표정으로 웃으며,

"오랜만이네요! 잘 지내셨죠?"

라고 인사하는 것이 가장 무난하고 안전합니다. 이때는 반가워하는 마음을 조금 과장되었다 싶을 정도로 표현해도 나쁘지 않습니다.

괜히 농담을 한답시고 얼굴이나 몸매 등 신체 부위와 관련된 말을 꺼내거나, 어설픈 덕담(주로 당신 기준에서 덕담이라고 생각하는 경우가 많죠)을 덧붙이다가는 뜻하지 않게 상대의 기분을 상하게 만들 수도 있습니다.

첫 번째 화제는
어떻게 찾을까요?

대화 속에서 상대의 관심사를 포착해
칭찬하세요.

대화를 나누다 보면 상대의 주요 관심사와 관련된 정보를 얻을 수 있습니다. 그 핵심을 잘 짚어서 칭찬하는 것도 호감을 얻는 효과적인 기술이죠. 예를 들어 상대가,

"내 아내가 말이야~"

"이번 주말에 A백화점에 B 브랜드 구두의 신상품이 들어온대."

"나는 매년 해외여행 계획을 꼭 세워."

라고 말했다면 당신은 여기서 어떤 것을 칭찬의 포인트로 찾아내어 대꾸하겠습니까?

"부인과 사이가 참 좋은가 봐."

"그러고 보니 오늘 구두도 참 멋지네."

"나도 당신처럼 매년 우아하게 휴가를 즐길 수 있으면 좋겠어."

이런 식으로 칭찬할 수 있겠죠. 이에 상대가 신을 내며 응수해온다면 당신의 관찰과 추측은 정확히 들어맞은 겁니다. 그리고 그 화제는 그야말로 상대가 좋아하고, 잘 아는 분야일 겁니다.

만약 상대의 반응이 그 정도까지는 아니라면 다시 한 번 잘 관찰해서 다른 화제를 찾아보세요.

이야깃거리를 미리 준비해두면 대화가 순조롭겠지요?

<u>인터뷰하듯 상대의 이야기를 이끌어내면서
공통점을 찾는 것도 대화의 묘미입니다.</u>

 흔히 '즐거운 사람=화제가 풍부한 사람'이라고 생각할지 모르지만 꼭 그렇게 단정지을 수만도 없습니다. 자칫 상대가 잘 모르는 화제를 계속 꺼내게 되어 반감만 살 수도 있으니까요.

 한 연구 결과에 따르면, "당신은 말을 잘하는 편인가요, 서툰 편인가요?"라는 질문에 대부분의 사람들이 '나는 말하는 것에 서툴다'고 답했다고 합니다. 그만큼 화술에 대한 콤플렉스를 가진 사람이 많다는 뜻이겠지요.

  대화할 때 상대의 이야기를 잘 들어주는 것이 기본이지만, 상대가 말하는 것을 별로 좋아하지 않거나 말이 서툰 사람이라면, 대화를 유도하기 위해 무리하게 질문을 던지는 것이 오히려 반감을 사는 일이 될 수도 있습니다. 지금 상대가 말할 상황인지, 자신이 말하는 것이 좋은 상황인지 상대의 태도와 표정을 보고 판단하여 유연하게 대처해야 한다는 거죠.

  따라서 가장 좋은 방법은 인터뷰하듯 질문하면서 상대의 말을 자연스럽게 이끌어내고 잘 들어주는 것입니다. 방법은 이렇습니다. 상대가 말하고 싶어 하는 표정이라면 말문을 틀 수 있는 화제를 당신이 먼저 꺼냅니다. 그러다 상대가 자연스럽게 말을 시작하면 질문을 계속 던지면서 적절한 타이밍에 맞장구를 칩니다. 대화 중에 서로의 공통점을 찾는 것도 중요합니다. 취미가 같거나 비슷한 사고를 가진 사람들끼리는 자연스럽게 가까워지게 마련이니까요.

  "고향이 △△시라고 들었습니다. 지난달에 거기로

출장을 갔었는데, 그 유명한 ○○막국수를 먹었지 뭡니까. 정말 맛있더군요."

"피부가 많이 타셨네요. 혹시 수상스키 타십니까? 저는 여름마다 수상스키를 타러 간답니다."

"××동에 사신다고요. 젊은이들의 메카라 밤낮으로 활기가 넘치죠?"

이런 식으로 양쪽 모두 알고 있는 공통의 화제를 강조하면 상대는 금세 당신에게 친밀감을 느끼고 기꺼이 대화에 동참할 겁니다.

상대가 말을 잘할 수 있도록 유도하면 대화시간이 즐겁고 만족스럽습니다. TV 토크쇼의 MC처럼 대화를 리드해나가면 상대는 당신에게 호감을 품을 겁니다. 더불어 당신도 '함께 대화하면 즐거운 사람'이라는 긍정적인 이미지로 기억될 겁니다.

대화를 어떻게 리드해야 할지 막막합니다

**육하원칙에 맞춰
질문하세요.**

　대화에 활기를 불어넣기 위해 상대에게 인터뷰하듯 질문하기로 마음먹었다면, "네." 또는 "아니오."라는 대답밖에 할 수 없는 질문은 삼가야 합니다. 가령 "식사 하셨습니까?"라는 식의 질문이죠. 이런 질문에는 "네." 혹은 "아니요."라는 대답 외에 마땅히 이을 말이 없습니다. 대화를 절대 유쾌하게 이끌 수 없어요.

　가장 좋은 질문법은 '5W 1H', 즉 육하원칙에 맞추는 것입니다. '누가(who)', '언제(when)', '어디서(where)', '무엇을(what)', '어떻게(how)', '왜(why)'라는 여섯 가지 의문사를 사용하면 상대도 질문에 대한 설명을 계속하며 대화를 발전시킬 수 있고, 대화도 자연스럽게 활기를 띠게 됩니다. 또 어떤 사람과도 편하게 대화를 나눌 수 있기 때문에 싹싹하고 느낌 좋은 사람이라는 인상을 줄 수 있습니다. 가령 냉면집에 줄을 서 있을 때 같이 서 있는 사람에게,

"얼마나 기다리셨어요?"

"이 식당을 어떻게 알게 되셨나요?"

"맛은 어때요?"

와 같이 물으면 자연스럽게 대화를 시작할 수 있습니다. 공통된 장소와 상황에 대한 질문은 처음 보는 사람이라도 대답하기 쉽고 편하니까요.

잘 아는 사이라면 최근 상대의 동향을 화젯거리로 삼으면 됩니다. 가령 동료가 여행을 다녀왔을 때,

"언제 왔어?"

"얼마 동안 갔다 온 거야?"

"여행은 어땠어? 즐거웠지?"
라는 식으로 묻는 겁니다.
요즘 들어 대화가 별로 없는 연인도,
"얼마 전에 산 가수 I의 CD 어땠어?"
하고 전에 있었던 일을 기억해 질문하거나,
"그거 뭐야?"
라고 그 자리에서 보고 생각나는 것을 질문하면 대화에 활기가 생기며 기분도 서로 좋아질 겁니다.

상대가 제 질문을
받아주지 않습니다

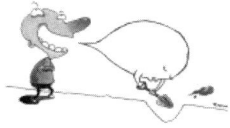

**최소 세 번 이상
질문을 시도하세요.**

'5W 1H', 즉 육하원칙에 맞춰 질문할 때는 최소 세 번 이상 질문을 던져서 상대가 말문을 열 수 있는 실마리를 제공하세요. 질문 한 번으로 포기해버리면 분위기는 더욱 어색해지고 대화를 시작하지 않느니만 못하니까요.

예컨대 별로 낯이 익지 않은 이웃이 애완견과 함께 산책을 하고 있다고 합시다. 우선 웃는 얼굴로 인사하고 질문으로 대화를 시도해봅니다.

"안녕하세요. 강아지가 참 영리해 보이네요. 무슨 종인가요?"

"그냥 잡종인데……."

여기서 상대가 잠시 말문을 닫아버리더라도 당황하지 말고 이야기를 이어나가세요.

"그렇군요. 이름은 뭔가요?"

"찡코입니다."

"어머, 이름이 귀엽네요. 어디까지 산책하세요?"

"평소에는 근처 공원까지 가는데, 오늘은……."

세 번 질문해보고 상대가 대화에 영 반응하지 않으면,

"그럼 실례했습니다."

라고 인사하고 자리를 떠나세요. 너무 귀찮게 굴지 않으면서, 너무 쌀쌀맞지도 않게 하는 것이 중요합니다.

대화가 자꾸 끊깁니다

**무의식중에 상대의 말할 의욕을
꺾은 건 아닌지 점검해보세요.**

대화 상대와 말이 잘 안 통한다고 생각될 때는 당신이 무의식중에 상대가 말할 의욕을 잃게 만드는 말을 한 건 아닌지 점검해볼 필요가 있습니다. 상대의 대화 의지를 꺾고 상대로부터 미움을 사는 대답 유형 세 가지를 짚어보죠.

첫 번째는 '적당한 대답'입니다.

"신년 TV 프로그램 중에 스포츠 중계가 제일 재미있어."라고 역설하는 친구에게,

"헤- 그래?"

하고 별생각 없이 대답하는 것이 이에 해당합니다.

두 번째는 '부정적인 대답'입니다. 여자친구가 흥분된 목소리로 "파스타를 싸고 맛있게 하는 식당을 알았어."라고 했을 때,

"만날 파스타 타령! 맛도 없더구먼."

하는 것이 이에 해당합니다.

마지막 세 번째는 '회의적인 대답'입니다.

"지난 토요일에 지하철역에서 어떤 여자에게 고백받았어."라고 자랑스럽게 말하는 친구에게,

"정말? 그 여자가 너한테 상품을 강매하려던 건 아니고?"

하고 장난 섞인 말투 혹은 의심에 찬 말투로 찬물을 끼얹는 것이 이에 해당합니다.

위의 세 가지 유형처럼 대꾸하면 상대는 두말할 것도 없이 불쾌해집니다. 대화에서 중요한 것은 능숙하게 맞장구를 쳐서 상대가 다음 말을 쉽게 이어가도록 하는 것임을 명심하세요.

말이 느린 편입니다

**상대의 말에 리드미컬하게
맞장구만 쳐도 좋습니다.**

 말을 쉼 없이 청산유수처럼 하는 사람과 천천히 침착하게 하는 사람 중 사람들은 누구에게 더 호감을 가질까요? 답은 후자입니다. 전자의 경우, 대화 도중 상대가 조바심을 느낄 수도 있거든요. 그러니 말하는 속도가 느리다고 해서 위축될 필요는 없습니다.

 다만 평소 말하는 속도가 느린 데다 말을 유창하게 할 수 없다면, 상대가 말하는 틈틈이 적절한 말로 맞장구를 치세요.

 "과연!"

"정말요?"

"그렇군요!"

이런 식으로 리드미컬하게 맞장구만 잘 맞춰도 대화를 유쾌하게 이끌어갈 수 있습니다.

나름대로 맞장구를 쳐도 상대가 금세 말문을 닫습니다

맞장구에도 기술이 필요합니다.

누군가의 이야기를 들을 때는 항상 온몸으로 '당신의 이야기를 듣고 있다'는 신호를 보내는 것이 중요합니다. 상대 쪽으로 몸을 돌려서 눈을 바라보며 고개를 끄덕이고 어서 이야기하기를 간간이 부추겨 주면, 상대는 당신이 자신의 이야기에 관심이 있다고 여기며 호감을 갖게 됩니다. 이야기를 들어주는 것에 만족하고 있기 때문에 나중에 당신이 반론을 제기한다 해도 호의적으로 귀를 기울일 겁니다.

그럼 구체적인 맞장구 기술을 살펴보겠습니다.

① 상황에 맞는 극적 추임새를 활용한다

말하는 사람의 기분을 좋게 만들어 당신에 대한 호감도를 높이는 데는 "응.", "예."와 같은 맞장구 외에도, 대화 중 상대의 흥을 돋우는 여러 가지 추임새가 있습니다. 크게 두 종류로 나눌 수 있죠.

하나는 '상대의 의견과 사고방식을 응원하는 추임새'입니다. 가령 "그렇군요."라고 말할 자리에,

"정말 그래요."

라고 하면 상대는 더욱더 고무되어 안심하고 이야기를 계속 이어나갈 수 있습니다. '정말' 혹은 '정말로'라는 말을 덧붙이면 좀 더 정중하고 진심 어린 말로 들리기 때문이죠.

참고로 이 말은 "반갑습니다.", "죄송합니다."라는 말 앞에 덧붙일 때도 같은 효과를 줍니다. 오랜만에 만난 지인에게 "오랜만이에요."라고만 하면 형식적인 인사로 느껴질 수 있지만, 그 말 앞에 '정말'을 넣어서,

"정말 오랜만이에요!"

라고 말하면 어감이 더 좋아질 뿐 아니라 상대는 당신의 말을 진심이라고 느끼게 됩니다.

"과연!"

"역시!"

"대단해요!"

"그럴 수도 있겠네요!"

라는 표현도 좋습니다.

다른 하나는 '상대의 긴장을 풀어주는 추임새'입니다.

"그럴 만도 하네요."

"피곤하셨겠어요."

"큰일이네요."

"무슨 말씀인지 알겠습니다."

등의 표현이 이에 해당합니다.

상황에 따라 달리 사용하면 당신은 누구의 말이든 잘 들어주는 사람으로 평가받을 수 있습니다.

②긴 호흡으로 맞장구친다

"응.", "예.", "그래요?" 이런 식의 기본 맞장구는 상대의 기분을 좋게 할 수도 나쁘게 만들 수도 있습니다. 가장 나쁜 것은 단조롭고 냉담한 반응이죠. 상대가 말을 할 때 "그래." 하고 짧게 잘라 대꾸하거나, "응응." 하고 재촉하듯 맞장구치면 상대는 말허리를 잘리는 느낌을 받을 수 있습니다.

상대에게 호감을 사려면 '호흡이 긴 맞장구'가 필요합니다.

"네에~"

"그렇습니까아~?"

이런 식으로 한 음절 한 음절 천천히 발음하면서 마음을 담아 맞장구를 치는 겁니다. 맞장구치는 것만 주의해도 상대에게 상냥하고 따뜻한 인상을 줄 수 있음을 기억하세요.

③상대의 말을 앵무새처럼 똑같이 반복한다

상대의 말을 앵무새처럼 똑같이 반복하는 맞장구

도 상대에게 호감을 살 수 있는 커뮤니케이션 기술의 하나입니다. '긍정적으로 이야기를 잘 들어주는 사람'이라는 좋은 인상을 줄 수 있죠.

예를 들어 상대가 "우리 딸이 얼마 전에 나더러 '아빠빠빠~' 하며 나를 부르지 뭐야!"라고 했을 때,

"어머나, 벌써 '아빠빠빠~'라는 말을 한다고요?"

라는 앵무새식 맞장구와 더불어,

"세상에나 얼마나 사랑스러울까! 아빠라는 말을 벌써 하는 거 보면 말을 빨리 깨우치려나 봐요."

이런 식으로 조금 적극적으로 이야기를 발전시켜 상대를 추켜세운다면, 당신은 곧 화술의 대가가 될 수 있습니다.

도무지 대화가 안 통하는 사람과는 어떻게 합니까?

**상대와 호흡을 맞추고,
상대의 컨디션을 배려하세요.**

서로 마음이 잘 맞는 사람을 두고 '호흡이 맞다' 라는 표현을 쓰지요. 이것은 실제로 근거가 있는 말이라는 것을 아십니까?

평소 코를 심하게 고는 남편 때문에 불면에 시달리던 여성이 있었습니다. 갖가지 방법을 동원해도 남편의 코골이 습관을 고칠 수 없자, 그녀는 마지막 방법으로 자신의 호흡을 남편의 호흡 리듬에 맞춰보기로 했습니다. 그랬더니 더 이상 남편의 코 고는 소리가 신경 쓰이지 않았고, 잠도 쉽게 들 수 있었다고 합니다. 신기한 일이지요.

실제로 호흡방식이 같은 사람과 함께 있으면 자연스럽게 기분 좋은 관계가 형성됩니다. 호흡을 맞추면서 마음도 함께 진정되기 때문입니다. 당신도 이번 기회에 상대의 움직임을 관찰하면서 그 사람의 호흡 리듬에 맞춰 숨을 들이마시고 내쉬어보세요. 그러면 마음이 서로 점점 안정되어 평화롭고 기분 좋게 대화를 나눌 수 있을 겁니다.

상대의 컨디션을 배려하는 자세도 필수입니다. 만약 대화 중에 상대가 배를 문지르거나 관자놀이를 누르거나 허리를 퉁퉁 두드리면 건강을 염려하는 말을 건네보세요.

"괜찮으세요? 몸이 안 좋아 보이시는데요."

우리는 대개 어디가 아프거나 몸 상태가 안 좋으면 자기도 모르게 손으로 아픈 부위를 만지게 되잖아요. 그렇게 무심코 한 동작을 보고 당신이 건강을 염려하는 따뜻한 말 한마디를 건넨다면, 상대는 분명 감동과 위안을 얻을 겁니다.

그리고 상대가 정말 힘들어 보이면 재빨리 대화를 마무리해야 합니다. 어디가 아픈 거 아니냐고 물어 놓고 이야기를 계속하면 상대는 당신을 야속하게 생각하겠지요. 염려하는 당신의 말이 그저 형식적이었다 싶어 불쾌해질지도 모르고요.

상대의 진심은 말과 행동 중 어디에 담겨 있나요?

**대개의 경우 말보다 행동, 즉 몸짓언어가
진실을 말하고 있을 가능성이 큽니다.**

"신경 쓰지 마." 하면서 눈은 웃고 있지 않는 상사. "괜찮아. 어떻게든 해결되겠지." 하면서 다리를 달달 떠는 동료. "그래?" 하면서 손가락으로 머리카락을 돌돌 말고 있는 그녀……. 이들의 말과 행동 중 어떤 것이 과연 그들의 진심일까요?

진실을 먼저 말씀드리자면 상사는 화가 나 있고, 동료는 잔뜩 불안해하고 있으며, 그녀는 당신의 이야기가 재미없어서 억지로 듣고 있습니다.

이처럼 우리는 대화를 나누면서 상대의 말, 목소리, 행동(몸짓언어)을 동시에 감지합니다. 미국의 어느 조사에 따르면 이 세 가지 중에서도 행동이 상대에게 가장 큰 영향을 미친다고 합니다. 목소리와 말로 전해지는 청각 메시지보다 눈으로 바로 보이는 시각 메시지가 더 강렬하기 때문입니다. 이에 당신의 호감도를 업그레이드 시켜줄 행동법, 즉 몸짓언어를 소개하겠습니다.

상대의 동작만 따라 해도 상대의 뜻에 공감하고 있다는 것을 은연중에 표현할 수 있습니다. 상대가 한 동작을 몇 초 뒤에 자연스럽게 흉내 내는 것이 포인트입니다. 흉내 내는 방법은 '매칭(matching)'과 '미러링(mirroring)' 두 가지가 있습니다. 이것들을 활용해 상대의 동작과 행동리듬, 호흡을 자연스럽게 따라해보세요.

먼저 '매칭'은 상대와 같은 부분을 움직여 흉내 내는 방법입니다. 예를 들어 상대가 오른쪽 다리를 위로 올려 꼬면 당신도 오른쪽 다리를 위로 올려서 꼽니다. 상대가 오른손으로 턱을 괴면 당신도 오른손으로 턱을 굅니다. 간단하지요?

실제로 대화를 하면서 상대의 동작을 잘 관찰하면 그 사람 특유의 리듬이 있음을 알 수 있습니다. 말하는 도중에 때때로 다리를 바꿔 꼰다거나 남의 이야기를 들으면서 일정한 리듬으로 고개를 깊게 끄덕이거나 때때로 턱을 만질 수 있습니다. 그러면 당신은 상대가 다리를 바꿔 꼬는 타이밍을 잘 관찰해서 당신도 앉는 자세를 고친다거나 상대가 고개를 깊게 끄덕이는 동작에 맞춰 긍정한다는 의미로 무릎을 치는 겁니다.

이처럼 상대의 동작 리듬에 동조하는 것은 당신에 대한 상대의 호감도 향상에 무척 효과적입니다. 동작의 리듬을 맞추면 상대는 무의식중에 '이 사람과 나는 파장이 맞다.'라고 생각하게 되기 때문입니다.

또 다른 예로 뭔가를 사달라고 조르기를 잘하는 여성이 "이 반지 사고 싶어."라고 말하면서 애인 쪽을 돌아보았을 때 그녀의 목은 약 45도 정도로 비스

듬해 있을 가능성이 많습니다. 상대를 향해 목을 기울이는 동작은 사랑스럽게 보여서 유혹하거나 동의를 구하는 신호입니다. 이런 동작은 자신이 원하는 바를 상대가 꼭 들어주기를 강렬히 원할 때 나옵니다. 이때 당신도 똑같이 목을 살짝 기울여 그녀의 말을 들어주면 좋습니다. 그런 동작만으로도 상대는 '내 말이 받아들여지고 있구나.'라는 생각에 안도하게 되고, 당신에 대한 신뢰를 한층 높이 쌓게 됩니다. 사실 이것은 카운슬러들이 상담자와 대화할 때 사용하는 고도의 경청기술이기도 합니다.

그 다음 '미러링'은 상대의 미러(거울)가 된다는 생각으로 동작을 따라 하는 것입니다. 마주 앉아 있을 때 상대가 오른쪽 다리를 위로 올려서 다리를 꼬면 당신은 왼쪽 다리를 위로 올리는 식입니다. 대화가 무르익거나 서로 마음이 통할 때는 누구나 상대와 같은 동작을 자연스럽게 하게 되는데, 그것을 의식적으로 활용해서 상대의 호의를 끌어내는 테크닉입니다.

우리는 무의식중에 손과 팔을 수시로 움직이면서 말합니다. 매칭과 미러링 기술도 이 점에 착안해서 활용하면 좋습니다. 대표적으로 상대의 손짓을 따라 하는 방법이 있습니다. 손짓은 상대의 눈에도 잘 띄고, 흉내 내기 쉬운 동작이라 실천해보기 쉽습니다. 가령 상대가 말을 하면서 손을 머리카락에 대면 당신도 똑같이 손을 머리카락으로 가져가는 겁니다. 상대가 커피 잔을 손으로 잡으면 당신도 몇 초 후에 똑같이 커피 잔에 손을 댑니다.

이런 테크닉들은 상대가 '이 사람은 왠지 나와 느낌이 통한다.', '나와 가치관이 맞는 것 같다.'고 느끼면서 당신에게 호감을 갖게 하는 데 효과가 아주 큽니다.

단, 그 의도를 들키면 오해를 살 수 있으니 주의하세요.

BONUS TIP 3

빈축을 사기 쉬운 화제
차라리 말을 아끼는 것이 유리할 때가 있다

'입이 화근이다'라는 말이 있다. 상대의 기분을 상하게 만드는 단 하나의 화제로 인간관계가 무너져버리는 일이 실제로 많이 일어난다. 상대가 먼저 언급하지 않는 한 먼저 이야기를 꺼내지 않는 것이 좋은 화제들을 소개한다.

1 체형과 몸매

상대의 성별을 막론하고 체형 이야기는 금물이다. 최근에는 "살쪘어?", "말랐네."라고 체형에 대한 이야기를 인사처럼 하는 사람이 많은데, 절대 이렇게 말해서는 안 된다. 상대가 웃으며 대꾸하더라도 마음속으로는 불쾌하게 생각할 가능성이 크다. 특히 남성에게 "말랐네요."라는 말은 금물. 마른 몸에 콤플렉스를 가진 사람은 의외로 많다.

2 머리숱

스트레스가 많은 현대인들은 남녀노소를 불문하고 탈모 증상에 대한 고민이 많다. 세 사람 중 한 사람이 탈모로 고민한다는 조사 결과가 있을 정도다. 그런 의미에서 머리숱에 관한 이야기도 피해야 할 화제 중 하나다.

오랜만에 만난 지인 남성에게 "어머나, 이마가 더 훤해지셨네요."라는 말은 최악이다. 또 여성들끼리 있는 자리에서 "최근에 머리카락이 너무 많이 빠져. 너는 어때?"라고 물으면서 상대의 머리칼을 만지는 경우가 있는데, 이러한 행동도 금물이다. 상대는 머리숱이 없는 것에 대해 심각하게 고민 중이거나, 탈모제를 쓰고 있을지도 모르기 때문이다.

3 나이

나이에 관한 화제도 남녀를 막론하고 피하는 것이 현명하다. 상대가 여성인 경우에는 특히 주의해야 한다. 단도직입적으로 나이를 묻는 것은 물론이고, "요즘 뭐 안 좋은 일 있으세요?"라며 나이 들어 보인다는 뉘앙스를 미묘하게 풍기는 말도 피해야 한다. 상대의 나이를 알고 있는 경우도 마찬가지다. 가령 "오늘은 어려 보이네요."라고 말하면 상대는 '그럼 내가 평소에는 나이가 많이 들어 보인다는 거야?' 하며 고깝게 받아들일 수 있다.

4. 결혼과 출산

상대가 독신인지 기혼인지를 묻는 것은 사생활을 침범하는 행위가 될 소지가 크기 때문에 조심해야 한다. 독신자의 경우에는 결혼을 하고 싶지만 못하고 있는 상황일 수 있고, 기혼자의 경우에는 현재 이혼 문제로 배우자와 갈등 중일지 모른다. 상대의 사정을 다 알지 못하는 상황에서는 가급적 언급하지 않아야 할 말 중 하나가 바로 결혼 여부인 것이다.

상대가 기혼자라는 것을 알고 있을 때 "자녀는 있으세요?"라고 묻는 정도는 괜찮다. 다만 자녀가 없는 경우에 "언제쯤 낳으실 건가요?", "아기를 안 낳으시려고요?"라는 식의 뿌리를 파는 듯한 질문은 금물이다. 당사자에게 불임증 등 말 못할 이유가 있다면 마음에 깊은 상처를 줄 수 있기 때문이다.

5. 학력

자신의 출신 학교가 자랑거리인 사람은 자기도 모르게 학교에 관한 화제를 꺼내기 쉽다. 그래서 처음 만나는 사람에게 출신 학교 이름을 아무렇지 않게 물어보기도 한다. 그러나 면접관이 아닌 이상 상대의 학력을 질문하는 것은 매우 큰 실례다. 자신의 최종 학력이나 출신 학교를 거론하고 싶어 하지 않는 사람이 많기 때문이다. 가령 "학교는 어디 나왔어?"라고 물었는데 상대가 고등학교 중퇴자라면 분위기만 서먹서먹해진다. 상대가 같은 대학교 출신임을 안 후 친밀감을 느끼며 사이가 급격히 좋아지는 경우도 있는데, 그 무리에 들지 못하는 사람은 반감을 느낄 수도 있다. 상대 의 배우자와 아이의 학력을 언급하는 것도 물론 금물이다.

6 휴가 계획

상대가 장기휴가 전후일 때 여행을 화제로 꺼내는 것도 피하는 것이 좋다. "피부가 많이 탔네. 바다로 갔었어?"라는 식으로 탐색하는 것은 물론, "이번 연휴 때 어디 갈 거야?"라고 계획을 묻는 것도 좋지 않다. 어쩌면 상대는 잠수탈 계획을 하고 있는지도 모른다. 특산물을 사는 것이 귀찮아 아무도 모르게 여행할 계획인지도 모른다. 그것을 캐내듯이 질문하는 사람이 있다면 피하고 싶을 것이다. 상대가 여행에 대해 이야기하고 싶다면 다른 사람이 묻지 않아도 본인 스스로 화제 삼을 것이다. 여러 가지 질문은 그 다음에 해도 늦지 않다.

7 소문이나 험담

세상은 넓은 것 같아도 의외로 좁다. 인간관계가 어디서 어떻게 이어져 있는지 알 수 없는 일이다. 그 자리에 없는 지인에 대한 뜬소문은 애초에 이야기를 안 하는 것이 현명하다. 가령 당신이 그 사람을 칭찬한 경우라도 그 사이 누군가가 그 사람의 험담을 꺼내 입방아를 찧을 수 있다. 그렇게 되면 그 이야기가 당사자의 귀에 들어갔을 때 당신도 험담한 사람과 같은 죄를 뒤집어써서 나쁜 사람이 되어버릴 수 있다.

8 타인의 미각(취향)

자신이 싫어하는 음식을 이야기하면 "그렇게 이상한 음식을 먹을 수 있단 말이에요?", "당신은 어떻게 그런 음식을 좋아해요?"라는 식으로 대놓고 비난하는 사람이 있다. 그러면 듣는 사람은 십중팔구 불쾌해진다. 그것이 상대가 정말 좋아하는 음식이거나, 둘 사이가 별로 친하지 않다면 불쾌감은 더욱 커진다.

사람마다 취향이 다르듯 맛에 대한 기호 역시 제각각이다. 맛있는 음식에 대한 이야기는 좋아도, 맛없는 음식에 대한 이야기는 굳이 입 밖으로 꺼낼 필요 없다.

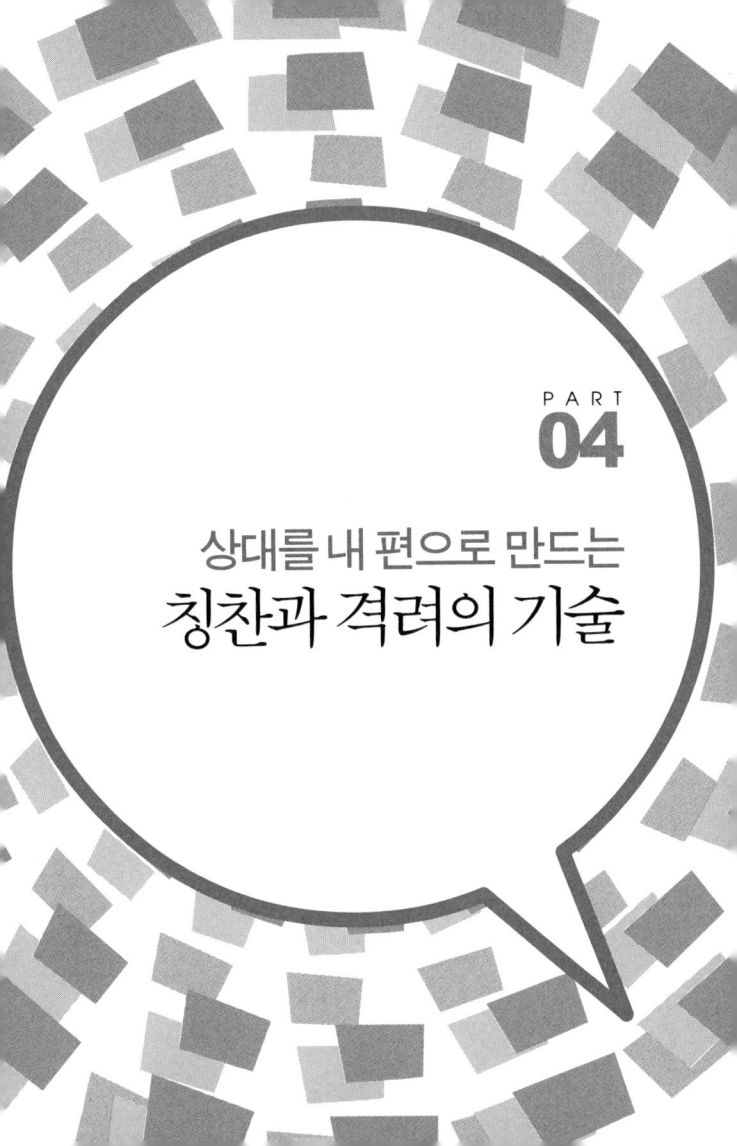

PART
04

상대를 내 편으로 만드는
칭찬과 격려의 기술

옷가게에서 옷을 입어보는데 점원한테
"몸매가 예뻐서 아무 옷이나 잘 어울리시네요."라는 칭찬을 듣거나,
회사에서 상사에게
"이번 일 잘 처리했어."라고 칭찬받으면 누구나 기쁘다.
센스 있는 점원이 일하는 그 가게에 또 가고 싶고,
칭찬해준 상사 밑에서 더 열심히 일해야겠다는 의욕이 생긴다.
이런 원리에 착안해
'호감 가는 사람'이라는 이미지를 어필하면서
원만한 인간관계를 형성하는 기술을 알아본다.

칭찬을 해주고도
뺨을 맞았습니다

당신의 칭찬은 진심이었나요?

 '칭찬은 무조건 좋다'는 생각으로, '칭찬을 하면 상대가 무조건 기뻐한다'는 생각으로 마음에도 없는 칭찬을 남발하거나, 속이 빤히 들여다보이는 아부를 칭찬인 양 하지 마십시오. 상대에게 반감만 사고, 말을 하면 할수록 당신에 대한 평판은 점점 더 나빠질 뿐입니다. 사람들은 당신의 뒤에서 "저 사람은 늘 아부만 해."라고 손가락질하며 당신을 신뢰하지 않을 겁니다.

 그런데 만약 생전 남을 잘 칭찬하는 법이 없는 상

사가 당신을 칭찬했다면 기분이 어떨까요? 그 어떤 누구에게 듣는 칭찬보다 기쁠 겁니다. 어지간한 일에는 칭찬하지 않는 사람이 칭찬을 했다면 그것은 의심할 여지없는 본심이었을 테니까요.

"멋있다", "훌륭하다", "예쁘다"라는 식의 포괄적이고 애매한 칭찬을 연발하는 것도 좋지 않습니다. 상대가 진심으로 기뻐하며 웃게 만들고 싶다면, 구체적으로 칭찬하세요. 당신이 좋게 여기는 점을 상세하게 설명하는 겁니다. 예를 들면 "넥타이가 멋지네요."라고 말할 것을,

"물방울 넥타이가 정말 잘 어울리네요."

라고, "수영을 잘 하네요."라고 말할 것은,

"수영하는 모습이 정말 자연스럽고 유연해보여요."

라고 말하는 식입니다.

이런 칭찬은 상대에게 관심과 흥미를 가지고 잘 관찰하지 않으면 나오지 않습니다. 진실성이 담겨 있기 때문에 자연스럽게 나올 뿐 아니라 상대에게 믿음도 심어줄 수 있죠.

쑥스러워서 면전에서는 도저히 칭찬이 안 나옵니다

<u>상대가 없는 자리에서 하는 칭찬이
실은 더욱 수준 높습니다.</u>

친구의 지인을 만난 자리에서 지인이 "J가 그러는데 당신은 정말 사나이 중의 사나이라고 하더군요."라고 한다면 당신은 친구에게 직접 칭찬을 들은 것보다 훨씬 더 많이 기쁠 겁니다. 듣기 좋은 말이나 사교성 멘트일수록 당사자 앞에서 하는 경우가 많잖아요. 타인 앞에서 없는 사람을 굳이 칭찬하는 일은 드뭅니다. 우리는 그것을 경험으로 알고 있기 때문에 다른 사람을 통해 듣는 칭찬일수록 순수하게 진심으로 받아들이게 됩니다.

  그러니 누군가를 칭찬하고 싶은데 쑥스러워서 면전에서는 도저히 못하겠다면, 오히려 그것을 기회로 삼으세요. 다른 사람과의 대화 중에 아무렇지 않은 듯 자연스럽게 그 사람을 칭찬하는 겁니다. 그러면 당신의 칭찬이 돌고 돌아 당사자의 귀에 들어가게 될 것이고, 당신에 대한 인상은 한층 좋아집니다. 생각해보세요. 입만 열면 다른 사람에 대한 험담만 하는 사람보다 상대가 없는 자리에서 칭찬을 즐겨 하는 사람이 주변 사람에게 당연히 좋은 인상을 주지 않겠습니까.

지인이 새 옷을 입고 왔습니다

상대의 특징과 옷을 연관지어
칭찬하세요.

　상대의 변화를 눈치 챘으면서도 아무 표현을 하지 않는 것만큼 나쁜 대응법은 없습니다. 어떤 말로든 한마디쯤 칭찬해주는 것이 예의죠.
　누군가 새 옷을 입고 왔을 때는 "잘 어울린다.", "예쁘다."라는 정적적인 칭찬도 좋지만, 상대의 특징과 옷을 연관지어 칭찬하면 더 큰 만족과 기쁨을 안겨줄 수 있습니다.
　"피부색이 하얘서 파란색이 잘 어울리네요."
　"그 청바지를 입으니까 안 그래도 긴 다리가 더 길

어 보여요."

"늘씬해서 아무 옷이나 잘 어울리네요."

이렇게 옷뿐 아니라 외모도 함께 칭찬하면, 상대가 느끼는 기쁨은 배가됩니다. 칭찬 내용이 구체적인 만큼 절대 겉치레 칭찬으로 들리지 않죠.

지인인 여성이 헤어스타일을 바꿨습니다

**이전 스타일과 비교하면서
새 스타일을 강조하세요.**

 사실 여성이 긴 머리카락을 짧게 자르거나 파마를 하는 등 헤어스타일을 파격적으로 바꿨을 때 적절한 칭찬을 하기란 상당히 어렵습니다.
 "무슨 일 있어?"
 "심경의 변화라도 있는 거야?"
 "예전 스타일이 더 예쁜데."
 이런 식의 말은 무조건 삼가야 합니다. 상대에게 미움을 사거나 무시당하기 십상입니다.

"잘 어울리네요."

라는 식의 진부하고 무심한 칭찬 역시 상대가 기뻐할 리 없습니다.

그렇다면 도대체 어떻게 칭찬해야 하느냐고요? 예를 들어보겠습니다. 만약 쇼트커트를 하고 왔다면,

"쇼트커트도 잘 어울리네요."

라고 하면서 '~도' 라는 조사를 넣어 강조하세요. 그러면 '이전의 긴 머리도 잘 어울렸다' 는 메시지까지 자연스럽게 전할 수 있습니다.

이런 칭찬을 들은 상대 여성은 자신의 바뀐 헤어스타일에 안심하게 될 뿐 아니라, 자신의 변화를 알아봐준 당신을 '참 센스 있는 사람' 이라고 생각할 겁니다.

지인이 자녀의 사진을 보여주면 어떻게 반응할까요?

**당신이라면
어떤 칭찬을 듣고 싶겠습니까?**

 아무리 친한 사이라도 "어? 자네랑 안 닮았네."라는 식으로 말하면 안 됩니다. 상대는 자신의 자녀가 예쁘고, 예쁘지 않고를 떠나서 '내 딸'이라는 근본적인 사실마저 부정당하는 느낌이 들어 결코 유쾌할 수 없기 때문입니다.
 "귀엽다."
 "영리해 보이는데."
 이런 식이라면 어떤 칭찬이든 대부분 기분 좋게

받아들일 겁니다. 가장 무난한 반응은,

"자네랑 닮았어."

"자세히 보니 눈 주변이 많이 닮은 것 같네."

입니다. 비록 닮지 않았더라도 말이죠.

아이가 아직 어리다면 아이의 미래를 밝게 표현해주는 것도 매우 효과적입니다.

"앞으로 굉장한 미인이 되겠는걸."

"커서 아주 큰 인물이 되겠어. 느낌이 팍 와."

그러면 상대는 "그런 걸 어떻게 벌써 알아?" 하면서도 내심 기분 좋아할 겁니다. 당신의 주가가 자연스럽게 상승곡선을 그리는 것은 두말 할 필요도 없지요.

친구의 연인을 소개받았습니다

**여자인 친구의 연인은 다음 날,
남자인 친구의 연인은 그 자리에서 바로 칭찬하세요.**

 우선 여자인 친구가 "인사해, 내 남자친구야."라며 소개할 때의 심리상태를 먼저 헤아리고 이해하는 것이 중요합니다. 친구는 자신의 연인을 주변 사람 모두에게 알리고 싶고 주변 사람들로부터 확실한 보증을 받고 싶어 합니다. 그러니 친구의 연인을 기분 좋게 칭찬해주세요.

 특히 여자인 친구들의 대부분은 소개받은 다음 날 "내 남자친구, 어땠어?" 하며 좀 더 구체적이고 솔직한 코멘트를 요구할 겁니다.

"느낌이 정말 좋은 사람이더라."

"너랑 잘 어울려."

라고만 말해도 친구는 몹시 기뻐하겠죠.

문제는 당신이 보기에 별로였거나 불편함을 느꼈을 경우입니다. "솔직히 좀 별로야."라고 말할 수는 없으니까요. 그럴 때는 불편한 점을 긍정적인 방향으로 멋지게 바꿔서 칭찬합니다. 가령 당신이 보기에 심하게 융통성이 없어 보여도,

"성실해 보여. 요즘 보기 드문 남자인 것 같아."

라고 칭찬하면 됩니다. 촐랑거리며 경박스럽게 보이더라도,

"함께 있으면 정말 즐겁겠더라."

하고 칭찬하면 되고요. 말이 없고 재미없어 보여도,

"차분해 보여서 좋더라."

라고 칭찬하면 됩니다.

중요한 것은 어떤 것이라도 좋으니 좋은 점을 하나라도 찾아서 칭찬한 다음,

"둘이 잘 되기를 바라."

라는 말로 마무리하세요. 서로 얼굴 붉힐 일은 없을 겁니다.

다음으로 남자인 친구가 자신의 연인을 소개하는 경우를 봅시다. 이때는 그 자리에서 바로 칭찬하는 것이 친구 커플에게 더 큰 기쁨을 줍니다. 친구의 연인을 보며 "예쁘다", "귀엽다"는 식으로 칭찬하세요. 그러면 연인을 데려온 친구의 자존심도 만족시킬 수 있고, 친구의 연인도 당신을 '느낌 좋은 사람이다.'라고 생각하며 흐뭇해할 겁니다. 단숨에 두 사람의 마음을 사로잡을 수 있는 방법인 셈이죠.

단, "너한테는 그녀가 아깝다."라든가 "이렇게 예쁜 여자와 대체 어디서 만난 거야?"라는 식으로 친구를 마음껏 부러워하는 멘트를 칭찬처럼 사용하면, 듣기 좋으라고 일부러 과장하는 것 같아 상대 커플의 기분이 오히려 찜찜해질 수 있으니 유의하세요.

칭찬받는 것이 어색합니다

**적당히 겸손한 태도로
적당히 수긍하세요.**

다른 사람에게 칭찬을 들었을 때 정색하고 손사래를 치면서 칭찬한 내용을 부정부터 하고 보는 사람이 있습니다. 본인은 겸손한 자세라고 생각할지 몰라도 칭찬한 사람은 기분이 상할 수 있습니다. 지나친 겸손이 오히려 상대에게 불쾌감을 줄 수도 있는 거죠.

"절대 그렇지 않아. 난 센스가 없단 말이야."

이런 식으로 필요 이상 자기비하를 하거나,

"센스야 자네가 더 좋지."

하며 상대를 억지로 끌어다 붙이는 것도 좋지 않습니다. 전자는 상대가 그 말을 또 한 번 부정하며 칭찬을 더해야 하기 때문에 피곤해지고, 후자는 비아냥거리는 것처럼 받아들일 수 있습니다.

따라서 적당히 겸손한 태도로 적당히 수긍하는 것이 현명한데, 그렇다면 그 '적당히'는 어느 정도이고 어떻게 표현해야 하는지를 알아야겠지요. 네 가지 정도로 정리해보겠습니다.

①기쁜 마음을 있는 그대로 표현한다
칭찬을 받았을 때는 첫마디에
"고마워."
라고 먼저 인사하는 것이 좋습니다. 좀 더 덧붙인다면,
"고마워. 그런 말을 들을 줄 몰랐는데."
라는 겸손 어린 말투로 긍정적인 수긍을 할 수 있죠. 칭찬한 상대도 크게 만족스러울 겁니다.

'호감 가는 사람'이라는 말을 듣는 사람은 '기쁨

을 잘 표현할 줄 아는' 사람이기도 하다는 것을 기억하세요. 단, 기쁜 마음을 오버해서 표현하는 건 좋지 않습니다. 예를 들어 "노래 잘한다."라는 칭찬을 받았을 때,

"내가 노래를 좀 하지?"

처럼 농담조로 대꾸하는 것까지는 괜찮습니다. 그러나 너무 우쭐해진 나머지,

"내가 노래하면 다들 그렇게 말해. 목소리가 좋다고."

라고 해버리면 자만하는 것이 되어 상대로부터 반감을 삽니다.

② 자신에게 부족한 점을 한마디 덧붙인다

겸손을 잘 표현하고 싶다면 자신에게 부족한 점을 살짝 곁들이세요. 불쾌한 느낌을 주지 않습니다. 예를 들어 누군가가 음식 솜씨를 칭찬해주었다면,

"사실 요리는 그럭저럭 하는데,"

라고 상대의 칭찬을 일단 받아들인 다음,

"정리정돈에는 젬병이야."

하고 취약한 부분을 덧붙이는 겁니다. 다른 예로 누군가가 아이디어를 칭찬했다면,

"재미있는 아이디어는 잘 떠오르는데,"

라고 긍정하고 나서,

"실행력이 부족해."

라고 덧붙이는 식이죠.

상대에게 칭찬받은 부분은 기꺼이 인정한 다음 부족한 부분을 덧붙이면, 겸손을 표현할 수 있을 뿐 아니라 당신 스스로도 상대의 칭찬을 순수하게 받아들이게 될 겁니다.

③ 자기보다 더 나은 사람을 이야기한다

자신의 노력을 누군가에게 인정받으면 "사실 쉽지 않았지만 열심히 애썼어."라는 식으로 자만하기 쉽습니다. 그러나 이럴 때 자기보다 능력 있는 누군가를 칭찬하면 겸손한 태도로 상대의 칭찬을 받아들일 수 있습니다.

예를 들어 당신이 자격증 시험에 합격했다는 말에 동료가 "회사 일도 매일같이 바쁜데 언제 자격증 공부를 다 했어?" 하고 감탄했다면,

"글쎄…… 나는 점심시간에만 겨우 짬 내서 했는데, K 선배는 지하철 출퇴근 시간에도 공부하는 것 같더라고."

라고 대꾸하는 식입니다. 이렇게 해서 자신은 제쳐두고 다른 사람을 칭찬하면 능력에 겸손까지 갖춘 사람이라는 인상을 주어 당신의 주가가 한층 올라갈 겁니다.

④ 칭찬은 칭찬으로 보답한다

누구나 칭찬을 받으면 기분이 좋아진다는 점을 생각하면, 칭찬을 받았을 때 칭찬해준 상대를 되칭찬하는 것도 좋은 방법이라 볼 수 있습니다.

단, 칭찬받은 내용과 같은 내용을 그대로 칭찬하는 것은 좋지 않습니다. 예를 들어 "양복이 정말 멋있네요."라는 칭찬을 받았을 때,

"당신 양복도요."

라고 되칭찬하는 것은 현명하지 못한 방법입니다. 자칫 억지 칭찬으로 들려 상대가 기분 좋게 받아들이지 못할 수도 있거든요.

따라서 상대를 되칭찬할 때는 칭찬받은 일과는 별개의 부분을 칭찬하는 것이 중요합니다. 앞에서 예로 든 상황의 경우,

"당신은 액세서리를 참 세련되게 잘 활용하시는 것 같아요. 저는 그렇게 심플한 액세서리를 어떤 때 해야 할지 모르겠더라고요."

라는 식으로 '나는 흉내낼 수가 없다'는 것을 강조하는 겁니다.

위로해주다가 싸울 뻔했습니다

**위로는 상대가 받아들일
준비가 되었을 때 하세요.**

왠지 기운 없고 기분이 가라앉아 있을 때 누군가가 말을 걸어주는 것은 기분 좋은 일입니다. 하지만 그 시기가 적절하지 않으면 오히려 인간관계가 망가질 수 있어요. 예를 하나 들어보죠.

L씨는 업무상 실수를 저지른 동료가 상사에게 심하게 질책을 당하고 몹시 기운 없는 모습으로 돌아와 자리에 앉자 "너무 신경 쓰지 마."라고 위로의 말을 건넸습니다. 그런데 동료가 "내버려 둬! 자네는 실수 같은 거 안 해서 좋겠군!" 하며 화를 내는 겁니

다. '염려하는 마음도 모르고 나한테 화풀이를 하다니!' L씨는 황당하고 기분도 나빴지만 자칫 다투게 될까 봐 입을 닫았습니다.

이 경우, 두 사람의 기분과 상황에는 상당한 격차가 있습니다. L씨는 동료를 위로하고 싶은 마음이 꽉 차 있는 반면, 질책을 받은 동료는 상사에게 들은 말들이 머릿속에 꽉 차 있었을 겁니다. 따라서 L씨가 동료를 위로하려고 밝게 행동할수록 동료는 맥이 풀리며 L씨를 원망스럽게 생각할 수밖에 없죠.

부정적인 감정으로 가득 차 있는 사람에게 건네는 위로와 격려의 말은 입에 발린 말로밖에 들리지 않습니다. 오히려 반감을 불러일으킵니다. 이럴 때는 상대의 감정이 가라앉을 때까지 잠자코 기다렸다가 그의 마음에 여유가 생겼다 싶을 때 말을 거는 것이 현명합니다. 그때는 상대도 고마운 마음으로 당신의 위로를 받아들일 겁니다.

친구가 실연을 당했습니다

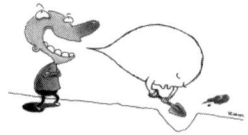

**상대의 마음을 대변하듯 말하면서
부정적인 감정 분출의 물꼬를 틔워주세요.**

 누군가 실연담을 이야기할 때는 적극적인 자세로 들어주는 것이 중요합니다. 자신의 깊은 슬픔을 누군가가 공감해주기를 간절히 원하고 있을 테니까요. 상대가 "나 이번에 그(그녀)와 헤어졌어." 하고 이야기를 시작하면,

 "왜? 무슨 일 있었어?"

 라는 질문으로 깊이 관심을 보이며 상대가 다음 말을 계속할 수 있도록 인터뷰하듯 재촉하는 겁니다.

 참고로 마치 웅변을 하듯 실연담을 털어놓는 사람

의 경우, 대개 이별의 결정적 계기를 제공한 그의 연인에게 잘못이 있는 경우가 많습니다. 그래서 처음에는 그의 연인에 대한 부정적인 감정을 필사적으로 억누르면서 이야기를 시작할 겁니다. 이때 듣는 쪽에서 그의 부정적인 감정을 끌어내 감정을 완전히 분출해낼 수 있도록 물꼬를 틔워주세요.

예를 들면 이런 식으로 이야기를 풀어나갈 수 있습니다. 상대가 "그(그녀)가 양다리를 걸쳤어……."라고 하면,

"세상에! 너무했다."

"믿을 수 없어."

라는 식으로 대꾸하는 겁니다. 이어서 상대가 "극장에서 우연히 마주쳤는데 다른 이성과 함께 있지 뭐야……."라고 하면,

"그래서, 가만히 있었어?"

"정말 내가 다 울화통이 치민다!"

라고 합니다. 이때 무조건 더 흥분하기보다는 상대의 반응을 보면서 동조의 수위를 조절하는 센스가

필요합니다. 이런 식으로 상대의 마음을 대변하듯 말해주면, 상대는 '얘는 내 마음을 정말 잘 이해하는 구나.' 하면서 당신과의 우정을 더욱 깊게 생각할 겁니다.

외모 때문에 고민하는 사람은 어떻게 위로할까요?

**일단 외모에 대한 고민 자체를
부정하세요.**

대부분의 위로는 상대의 입장에 서서 상대의 눈높이에 맞추는 것이 기본이지만, 외모에 대한 고민을 하는 사람 앞에서만큼은 그런 식의 위로가 절대 통하지 않습니다. 각별한 주의가 필요하죠.

예를 들어 회사에 소위 '폭탄'이라 불리는 골드미스 상사가 툭하면 "요즘 피부가 건조해서 주름이 더 자글자글해. 꼭 아줌마 같아."라는 식으로 농담인지 진담인지 모를 푸념을 자주 한다면 당신은 어떻게

대꾸하겠습니까? 조언이나 위로를 한답시고,

"ㅇㅇ화장품이 좋대요. 저희 어머니도 주름이 사라지는 것 같다고 하시더라고요."

라고 말해버리면 상사의 고민 내용을 긍정하는 것밖에 안 됩니다.

상대는 얼핏 고민하는 것처럼 말하면서도 속으로는 사람들이 그것을 부정해주기를 바랄 수도 있고, 별 뜻 없이 그냥 푸념한 것일 수도 있습니다. 설령 대단히 신경을 쓰고 있다 해도 그 말을 듣는 사람이 문제의 해결책을 찾아주리라는 기대 같은 건 하지 않는 경우가 대부분일 거고요.

그런데 그것도 모르고 위로한답시고 동조해버리면, 상대는 '내 얼굴엔 역시 주름이 많구나.'라고 생각하며 오히려 더욱 기분이 상할 수 있습니다. 표현은 안 해도 내심 당신을 미워하게 될 수도 있고요.

그러니 특히 여성이 외모에 대한 고민을 이야기한다면,

"그렇지 않아요."

하면서 그 말 자체를 일단 부정하세요. 그러면 상대는 '내 얼굴이 그 정도로 심각하진 않은가보네. 너무 걱정할 필요는 없겠어.' 하며 자신감을 가질 겁니다. 동시에 자신의 고민을 부정해준 당신에게 호감을 느끼겠지요.

보편적으로 통하는
위로의 노하우를 알려주세요

상대의 입장에 서서 눈높이를 맞추고
공감해보세요.

 격려의 말도 너무 쉽게 사용하면 이후의 인간관계에 악영향을 미칠 수 있으니 주의해야 합니다.
 "힘내. 그렇게 침울해 있지만 말고."
 이런 식으로 상대의 마음을 북돋우는 말은 위로받는 사람에게 정말이지 유쾌하지 않습니다. 말한 사람은 격려하는 마음으로 말했더라도 상대는 "이 이상 뭘 더 노력해?!" 하며 오히려 더 침울해져버릴 수 있어요. 침울한 상태에서 벗어나고 싶은 마음이 누구보다 간절한데, 마음처럼 못하는 심정이 오죽 답답하겠습니까. 자신도 뻔히 알고 있는 일을 다른 사람에게 지적받으면 누구라도 마음이 편치 않을 겁니다. 그렇다고 달리 위로할 말을 찾지 못하는 난감한 상황에 맞닥뜨렸을 때를 위해 보편적으로 적용할 수 있는 위로방법을 소개합니다.

① 당신의 체험담을 들려준다

먼저 '나도 당신과 비슷한 입장이다.'라는 뜻으로 상대의 입장에 서서 눈높이를 맞춰 말하는 것이 효과적입니다. 예를 들어,

"나도 최근에 과장한테 심하게 한소리 들었잖아. 정말 죽고 싶더라고."

라는 식으로 말을 시작하면 상대도 편안한 반응을 보일 겁니다. 그런 다음,

"항의해볼까 생각도 했는데 나중에 가만히 생각해보니 과장의 말도 일리가 있더라."

하면 상대는 당신에게 동질감을 느끼면서 자연스

럽게 위로를 받을 겁니다.

누구나 자신과 같은 입장에 있는 사람과 공감을 느끼게 마련입니다. 그리고 그것은 곧 호감으로 이어지죠. 상대와 눈높이를 맞추면 위로의 말도 효과 백배, 당신에 대한 호감도도 급상승할 겁니다.

② 상대의 말을 따라한다

너무 심하게 낙심하고 있는 사람 앞에서는 누구라도 어떻게 해야 할지 난감할 겁니다. 위로를 하면 억지로 말을 쥐어짜는 것 같아 오히려 안 좋을 것 같고, 같은 경험이 없어서 도움되는 이야기도 할 수 없고……. 그럴 때는 상대의 말을 단순 되풀이하는 것도 좋은 방법입니다.

"나 여자(남자)친구한테 차였어."라고 하면,
"그랬구나, 차였구나……."
"벌써 올해만 다섯 명째야."라고 하면,
"그랬니, 다섯 명째니……."
라는 식으로 말이죠.

습관적으로 푸념하는 사람은 어떻게 대해야 할까요?

<u>애매한 맞장구와 함께 푸념을 들어주는 것만으로도
당신은 이미 할 일을 다 한 셈입니다.</u>

 퇴근길에 동료와 술을 마시러 간 M씨. 동료는 이 날도 어김없이 자신이 회사에서 제대로 평가받지 못하고 있다며 분노합니다. "이 회사는 썩어빠졌어. 대충대충 일하면서 상사 앞에서만 '네네.' 하는 녀석들만 인정해준다니까." 하며 항상 하던 푸념을 계속합니다. 한두 번도 아니고 매번 그런 식이니, M씨는 정말 피곤합니다.
 만약 당신이 M씨라면 어떻게 하겠습니까?

"됐어, 그만해. 회사도 사정이 있겠지."
라고 달래겠습니까,
"여기서 나한테 말해봤자 아무 소용없어."
"요즘 왜 항상 그런 부정적인 말만 되풀이하는 거야?"
하며 동료의 이야기에 찬물을 끼얹어버리겠습니까. 이렇게 하면 앞으로 그 동료와 술자리를 함께하며 푸념 들을 일은 없겠지만, 인간관계에는 금이 하나 생길 겁니다. 설마 당신에 대한 나쁜 이미지를 남기면서까지 관계를 정리할 생각은 아니겠죠?

이럴 때는 그저 조용히 들어주는 것이 상책입니다. 상대가 하는 말에 불만이 있더라도 푸념은 푸념으로 여기며 들어만 주세요. 그것만으로도 당신이 할 일은 다 한 셈입니다. 보통의 대화에서 남의 말을 경청하는 것보다 푸념을 들어줬을 때 얻을 수 있는 호감도가 훨씬 더 큰 법입니다. 상대의 푸념과 불평에 매번,

"나도 그렇게 생각해."

"나도 전부터 그렇게 생각했어."

라는 식의 적극적인 맞장구를 칠 필요도 없습니다. 상대는 어쨌거나 괴로움을 토로하는 것이 목적이므로 마음이 풀릴 때까지 이야기하도록 내버려두기만 해도 충분합니다.

상대가 당신의 동의를 구할 수도 있습니다. 이때 편을 든답시고 그의 푸념에 섣불리 동의하지도 마세요. 뜻하지 않게 당신도 똑같이 부정적인 사람이 될 수 있습니다. 이때 가장 좋은 것은 동의하는 것도 안 하는 것도 아닌 애매한 맞장구를 치는 것입니다.

"큰일이네."

"그런 생각도 할 수 있겠구나."

"생각은 다 다른 법이니까."

라는 식으로 어떤 화제에나 사용할 수 있는 말이 좋습니다. 상대는 그 절묘한 맞장구에 탄력을 받아 마음속 이야기를 기분 좋게 털어놓을 수 있고, 맞장구까지 치며 들어준 당신을 고마워할 겁니다.

성의껏 상담을 해줬는데 어쩐지 개운하지가 않습니다

안 하느니만 못한 조언도 있습니다.

혹시 상대의 마음을 헤아리고 공감하기보다 당신 생각 위주로 현실적인 이야기만 늘어놓지는 않았습니까? 상담 시 피해야 할 행동들을 짚어보죠.

① 자만하듯 조언하지 않는다

친구가 어떤 일로 당신에게 상담을 청하며, "나 어떻게 하면 좋을까?"라고 물었을 때 당신은 어떻게 대답하나요? "그럴 때는 이렇게 하는 것이 좋다."라고 구체적으로 조언하는 스타일이라면 지금부터라도 당장 그런 습관을 고치는 것이 좋습니다. 왜냐고요?

우리는 누군가에게 고민을 털어놓을 때 상대가 자신의 이야기를 가만히 경청해주는 것만으로 후련해집니다. 그런데 이때 상담해준 사람이,

"내 경험으로 말하는데 그럴 때는 이렇게 하는 것이 좋아."

"그런 상황이라면 당신은 이렇게 해야 해."

라는 식으로 조언하면 강요당하는 기분이 들죠. 애초에 상대의 의견 중 몇 가지를 참고 삼으려 했을 뿐, 앞으로의 행동까지 지시받고 싶은 마음은 없었기 때문입니다. 그렇게 생각하고 있는데, 상대가 자신감이 충만한 말투 또는 설교조로 "이렇게 해라, 저렇게 해라." 하면 당연히 짜증이 나지요.

당신이 누군가로부터 조언을 요청받았더라도, 스스로 조언할 입장이 못 된다는 마음자세를 기본적으로 가지고 있는 것이 중요합니다. 그래야 무의식중에라도 상대에게 거만한 태도를 취하지 않습니다.

② 옳은 말만 늘어놓지 않는다

A : 저축해둔 돈이 전혀 없어.

B : 지금부터라도 절약하면 되지.

A : ……그건 그렇지. 실은 저축은커녕 빚만 잔뜩 있는 상태야.

B : 상황이 그런데 지금 뭐하고 있는 거야? 빨리 갚아!

이 대화를 보면 B는 A가 하는 말에 옳은 의견만 말하고 있습니다. 돈은 절약해야 모이는 법이고, 빚은 빨리 갚는 것이 바람직하죠. 중요한 건 A가 B의 조언을 고맙게 느끼고 있느냐 하는 것인데, 답은 아마 "NO!"일 겁니다.

100퍼센트 정답에 가까운 조언은 그저 설교일 뿐, 실질적으로 도움되는 조언이 되기는 어렵습니다. 누군가가 당신에게 고민을 털어놓을 때 사사건건 옳은 방법만 말하는 일이 없도록 주의하세요.

고민 상담을 해준 다음 관계가 끊어졌습니다

고민 상담에도 기술이 필요합니다.

 상담은 상대의 마음을 공감하는 것에서 출발합니다. 그러나 그것만으로는 의미 있는 상담을 할 수 없습니다. 상담의 주제가 다양한 만큼 매 상황에 걸맞은 기술이 필요하죠. 그 몇 가지를 정리해봅니다.

 ① 잘 들어주기만 해도 호감을 산다
 "스트레스 탓인가. 소화가 잘 안 되고 위가 쿡쿡 쑤셔."
 라고 당신이 말했을 때 옆에 있던 사람이,

"나도 그런 일 자주 있어."

하며 별일 아니라는 듯 대꾸하거나,

"빨리 약 사먹어."

하며 누구나 말할 수 있는 쉬운 방법으로 당신이 더 이상 이야기를 못 하게 한다면 기분이 어떻겠습니까? 위가 아프다고 말을 꺼냈지만 실상 이야기의 핵심은 일에 대한 고민을 이야기하고 싶었던 거라면요?

이런 식으로 남의 이야기를 중간에 끊고 끼어드는 사람은 남의 말을 잘 듣지 않는 사람만큼이나 미움 받기 십상입니다. 정작 본론을 이야기하기도 전에 대화를 단절시키니까요.

따라서 좋은 인간관계를 만들고 유지하고 싶다면 다른 사람의 이야기를 들을 때,

"힘들겠다."

"괴롭지?"

라는 식으로 공감하면서 불필요한 말을 삼가고 가만히 들어주는 것이 좋습니다. 상대가 '이 사람과 이야기하기를 잘했다.', '함께 이야기하면 즐겁다.' 라

고 생각하게 만들면 그의 마음을 사로잡는 건 시간문제겠죠.

② 상담해준 내용은 비밀로 한다

"최근에 A가 활기를 되찾아 다행이야. 얼마 전까지 남자친구가 진 빚 때문에 고민이 아주 많았거든."

이렇게 얼마 전 친구가 털어놓은 고민을 곧장 떠벌려버린 B. 덕분에 A가 최근 기운이 없었던 이유를 주변 사람들이 모두 알게 돼버렸습니다. B에 대한 A의 신뢰가 산산조각 난 것은 물론, 이 이야기를 들은 주변 사람들까지도 이제 B에게 비밀 이야기를 하지 않고 그를 절대 믿지 않으며 경계할 겁니다.

상담을 청한 사람을 걱정하는 마음에서 주변 사람들에게 이야기를 한 것이든, 자기도 모르게 실수로 말해버린 것이든, 이유를 불문하고 누군가의 고민은 절대 발설하면 안 됩니다. 굉장히 상식적인 이야기지만, 의외로 지키기 어려운 것이니 각별한 주의가 필요합니다.

③ 자신의 고민 상담은 나중으로 미룬다

A : 사실 나 요즘 회사에서 과장과 사이가 별로 안 좋아 고민이야.

B : 그래? 우리 회사 과장도 정말 짜증나는 인간인데.

A : 그렇구나……. 실은 나 C와도 최근에 대판 싸웠잖아.

B : 우리 회사에서는 그런 다툼이 다반사야.

이 대화에서 뭔가 이상한 점을 눈치채셨습니까? 고민을 이야기하려는 A에게 B는 자신이 처한 상황이 더 심각하다는 듯한 태도를 보이고 있죠. A는 말하고 싶은 마음이 싹 가셨을 겁니다.

고민의 크기라는 것은 받아들이는 사람에 따라 다르기 때문에 어느 쪽이 더 힘든 상황인가 하는 것을 비교할 수는 없습니다. 그러니 만약 당신이 누군가의 고민을 상담해줄 때 "그 정도는 아무것도 아니야. 내가 더 힘들어."라고 말하고 싶더라도 일단 그 자리에서는 꾹 참고 상대의 이야기에 귀를 기울이세요.

당신의 일은 2차적인 문제라는 태도를 취한다면, 그 모습을 통해 당신은 더욱 신뢰를 얻을 겁니다.

④ 시간이 지나 고민이 해결되었는지 확인해준다

누군가의 고민을 상담해주는 것에서 한 걸음 더 나아가 시간이 어느 정도 흐른 다음, 고민하던 문제가 해결되었는지 여부를 확인하는 모습을 보이면 상대는 당신에게 더욱 감동할 겁니다. 당신이 여전히 염려하고 있음을 상대가 느낄 테니까요.

방법은 간단합니다. 적당한 시기를 봐서,

"그때 그 일은 어떻게 됐어?"

하고 전화만 한 통 하면 됩니다. 그러면 상대는 속으로 '그걸 아직도 기억하고 있었구나. 이렇게까지 걱정해주다니!' 생각하며 당신에 대한 신뢰를 더욱 굳건히 다질 겁니다.

만약 그때까지도 문제가 해결되지 않았다고 하면,

"그 사람이라면 너한테 힘이 되어줄지도 몰라."

하면서 다른 지인을 소개하는 성의를 보이세요.

주의할 것은 그 이후에도 관심을 가지고 확인을 해야 한다는 겁니다. 누군가를 소개시켜준 후 더 이상 관심을 보이지 않으면 '나를 상대하기 귀찮아서 다른 사람한테 떠넘긴 거야?' 하며 서운해할 수도 있거든요.

모쪼록 누군가의 걱정이나 고민을 상담해준 후에는 꼭 기억해두었다가 시기를 봐서 관심을 보여주도록 하세요.

충고나 조언을 할 때 직설화법과 간접화법 중 어떤 것이 효과적입니까?

가급적 인용을 통한 간접화법을 사용하세요.

 "나는 왜 이렇게 일을 제때 못 끝내지?"라는 동료의 고민을 듣게 된 N씨. 속으로는 '그러게 처음부터 요령을 좀 발휘하지.'라고 말하고 싶었지만, 꾹 참았습니다.

 N씨가 진짜 하고 싶은 조언을 꾹 참은 건 잘한 일입니다. 그럴 때는 생각을 직접적으로 전하기보다 간접적으로 표현하는 것이 더 낫습니다. 그러면 상대가 그 말을 따를 가능성이 더 높죠. 예의 경우처럼,

"요령 있게 일해."

라고 말하고 싶을 때는,

"O 선배가 그랬어. 모든 일을 무조건 열심히 하려고만 하지 말고, 우선순위를 먼저 따진 다음 가장 중요한 일부터 처리하라고 말이야."

하고 친한 선배의 말을 인용하는 방법이 좋습니다.

그 밖에 소설이나 드라마의 대사 또는 등장인물을 빗대어 대변시키는 방법도 있습니다. 그러면 상대에게 불쾌감을 주지 않으면서 당신이 진짜 하고 싶은 말을 유연하게 전할 수 있습니다. 상대는 "과연 그 말이 맞아." 하고 감탄하다가 시간이 좀 더 지나면 "좋은 조언이었어. 고마워."라며 당신에게 진심으로 고마워할 겁니다.

보편적으로 통하는
조언의 노하우가 있나요?

<u>고민의 내용을 한마디로 정리해주고,
제삼자가 되어 상황을 관망할 수 있도록 유도하세요.</u>

 이야기 하나를 예로 들어볼게요. A가 B에게 전직과 관련된 상담을 요청했습니다.
 "사실 어떤 회사에서 스카우트 제의를 받았어. 월급은 지금보다 많이 적지만 일이 재미있을 것 같아서 갈등 중이야."
 그 회사의 비전을 생각하면 결코 나쁜 조건이 아니지만 A는 얼른 결정을 못 내리고 있었죠. 월급이 줄어 아내가 반대하는 것이 가장 큰 이유였습니다.

A의 이야기가 일단락될 즈음 B가 말했습니다.

"그러니까 다른 회사에서 스카우트 제의가 들어왔고, 일이 재미있을 것 같아 옮기고 싶지만, 아내가 반대해서 고민하고 있는 상황인 거지?"

장황하게 이야기한 내용을 이처럼 간단하게 정리하자 A의 얼굴에 갑자기 화색이 돌았습니다.

"그래, 바로 그거야! 아내가 반대하고 있어서 이러지도 저러지도 못하고 있어……. 잠깐! 나 지금 집에 들어가서 아내랑 대화를 좀 해봐야겠어."

A는 스스로 해법을 찾은 듯 환한 얼굴로 집으로 돌아갔습니다.

여기에 한 가지 포인트가 있습니다. 누구나 자신의 고민거리를 이야기할 때는 여러 가지 일들과 감정이 복잡하게 뒤엉켜 나옵니다. 그것을 누군가가 정리해주기만 해도 큰 도움이 된다는 겁니다.

또 다른 방법으로는 일단 고민을 듣고 고민의 내용을 정리해준 다음,

"만약 당신이 나처럼 이 이야기를 듣는 입장이라

면 어떻게 조언할 건가요?"

라고 묻는 것도 좋은 방법입니다. 고민을 털어놓고 후련해져 있을 때 자신의 상황을 객관적으로 바라볼 수 있게 유도하는 거죠. A의 경우라면,

"아내와 마음을 터놓고 대화를 나눠 보는 게 어떻겠느냐고 조언하겠지?"

라는 대답이 돌아올 겁니다. 자신의 생각을 전부 털어놓은 다음이라 스스로를 객관화하기 쉽기 때문이죠.

이처럼 상대가 조금 다른 시각을 갖도록 일깨워주기만 해도 사람들은 당신에게 상담하기를 잘했다고 생각하며 진심으로 고마워할 겁니다.

어려움에 처한 사람을 돕는 방법
타인의 어려움을 함께하면 그는 내 사람이 된다

상대를 내 편으로 만드는 기술의 핵심은 뭐니 뭐니 해도 '어려움에 처했을 때 돕는 것'이다. 어려운 상황이라는 것은 여러 가지가 있지만, 여기서는 갑작스러운 사고나 재해를 당한 사람을 돕는 방법을 위주로 다룬다.

입원한 지인을 병문안할 때

1 입원 소식을 듣고 곧장 달려가지 않는다

병문안은 '어서 빨리 쾌차하시기 바랍니다.'라는 뜻의 격려가 목적이다. '내가 그 입장이라면 무엇을 해주기를 바랄까?', '폐가 안 되게 하려면 어떻게 해야 하지?'라고 환자와 가족의 입장에서 생각하는 것이 무엇보다 중요하다.

특히 병문안 타이밍에 유의해야 하는데, 입원 직후, 수술 전후, 상태가 안정되지 않을 때는 피하는 것이 원칙이다. 이런 시기에 방문하면 환자나 가족에게 폐만 될 뿐이다.

병문안을 가기 전에는 우선 환자의 가족이나 간호사실에 전화해서 병문안을 해도 좋은지 확인한다. 환자가 아무도 만나고 싶지 않아 하는 경우도 있으므로 본인의 의향도 확인한다. 면회가 가능하다면 언제 몇 시경에 갈지 미리 알린 다음 찾아간다.

2 직접 방문하기 어렵다면 카드를 보낸다

단기 입원이라도 입원한 사람은 불안한 상태이므로 직접 얼굴을 보며 격려하는 것이 사려 깊은 행동이다.

그런데 상대의 사정이나 나의 사정상 병문안을 갈 수 없는 경우도 있다. 또 환자가 회사의 상사거나 안면이 있는 정도의 지인일 경우 일부러 병문안을 가면 오히려 상대의 신경이 예민해질 수 있다. 그럴 때는 문안 카드를 보내자. 환자에게 위로가 될 만한 예쁜 카드를 고르고, '하루 빨리 회복하시기를 기도하겠습니다.' 라는 식의 메시지를 쓴다. 내용이 길 필요는 없다.

3 꽃은 병원 근처 화원에서 산다

꽃은 환자에게 정신적인 기쁨을 준다. 번거롭게 물을 자주 갈아주지 않아도 되는 작은 꽃바구니나 꽃을 몇 송이 꽂은 작은 꽃병이 좋다. 단, 하얀색이나 노란색 국화 같은 상징적인 꽃들은 피하고, 향이 진한 꽃 혹은 꽃가루가 날리는 것도 피한다. 화분도 금물이다. 흙 속에 서식하는 각종 박테리아나 곰팡이가 환자에게 감염될 우려가 있기 때문이다. 실제로 일부 환자에게 알레르기 등을 유발할 수 있다는 이유로 꽃 자체를 반입 금지 품목으로 정해놓은 병원도 있다. 이럴 때는 꽃을 비닐로 씌운 제품이 유용하다.

이런저런 제약 조건들을 감안하면 꽃은 병원 근처 화원에서 구입하는 것이 좋다. 그들은 해당 병원의 병문안용 꽃다발이 갖춰야 할 조건을 알고 있다. '병문안용'이라고 주문해서 받은 거라면 믿고 가져가도 된다.

4 정기적으로 방문한다

입원 초기에는 많은 사람이 번갈아가며 병문안을 다녀간다. 그러나 입원 기간이 길어지면 찾아오는 사람이 점차 줄어든다. 환자는 쓸쓸해지고, 지루해지며, 불안한 나날을 보내게 된다. 그럴 때 정기적으로 병문안을 와주는 사람만큼 환자에게 기쁜 존재는 없다.

환자가 입원 중일 때는 한 달에 두세 번씩 정기적으로 병원에 얼굴을 내밀어 이야기 상대가 되어주자. 단, 매번 뭔가를 사가면 상대가 부담을 느낄 수 있으니 유의한다. 당신이 다 읽은 책이나 잡지를 건네는 것도 좋고 때로는,
"오늘은 빈손이야. 그냥 얼굴이라도 한번 보려고 왔어."
라고 말하며 들르기만 해도 환자는 충분히 기쁠 것이다.

5 간호 중인 가족에게 위로의 말을 건넨다

환자의 건강이 나아지지 않거나 입원이 장기간 이어지면 가족은 간호로 인한 피로와 불안감으로 점점 지치게 된다. 그러니 병원에 가면 옆에 있는 가족을 위로하고 힘을 주는 말도 잊지 말자.
"간호하느라 얼마나 힘드십니까. 너무 무리하지 마세요. 사모님도 건강에 신경 쓰셔야 합니다."
단, 이런 말은 병실 안에서는 절대 하지 않는다. 환자가 '다 내 탓이야.' 하면서 자책할 수 있기 때문이다. 돌아갈 때, 가족이 병실 밖까지 배웅할 때가 좋은 타이밍이다.
장기 입원의 경우 간호하는 가족에게 음식을 선물하는 것도 큰 위안과 기쁨이 될 것이다.

지인이 불의의 재해를 당했을 때

화재, 태풍, 지진, 수해 등 불의의 재해를 당한 사람의 충격은 이루 헤아릴 수 없을 만큼 크다. 더욱이 재해 당사자가 친한 지인이나 친척이라면 조금도 지체 말고 곧바로 도움의 손길을 보내야 한다.

1 안부부터 먼저 확인한다

가장 먼저 할 일은 안부 확인이다. 이때 직접 전화하는 것은 큰 실례다. 수습하느라 일일이 대응할 여유가 없을 것이기 때문이다. 재난을 입은 지역의 사무소, 소방서 등 공공기관에 상황을 문의한다.

2 위로의 말보다 행동으로 돕는다

상대가 무사하다는 것을 확인했고, 재해지역이 가까운 곳이라면 바로 달려간다. 재해 뒤처리를 돕는 것이 무엇보다 우선이다. 복장은 활동이 편리한 것, 더러워져도 괜찮은 것이 좋다. 신발은 굽이 낮은 것이 안전하다. 고무장갑, 수건, 대야, 종이봉투 등 작업에 필요한 것을 지참하는 것도 잊지 않는다.

현장에 도착하자마자 위로의 말부터 건네되 재해의 원인을 묻는 것은 금물이다. 간단히 인사를 마치면 입은 다문다. 그리고 다른 사람에게 지시받기 전에 앞장서서 재빨리 행동한다.

3 상황에 맞게 위로 물품을 준비한다

재난을 당한 사람에게 줄 위로 물품은 상대의 재해 상황에 따라 판단한다. 가재도구를 잃었다면 집에 있는 식기, 침구, 의류 등 생활 물자를 가져가는 식이다. 식료품도 환영받지만, 불과 물 사용이 여의치 않을 것이므로 컵라면 같은 인스턴트 식품은 피한다. 바로 먹을 수 있는 샌드위치나 김밥, 보관이 쉽고 조리할 필요가 없는 통조림류가 좋다.

4 아이와 애완견을 맡아준다

피해자의 가정에 아이와 노인, 애완견이 있다면 잠시 맡아주는 것도 좋은 아이디어다. 당신의 아이와 동급생인 아이를 둔 가족이 재해를 입은 경우,
"학교도 같이 다닐 수 있고, 형제가 생겨서 우리 아이도 좋아할 거예요."
라고 권하면, 상대도 "그럼 죄송하지만 부탁드립니다." 하며 마음을 놓고 부탁하기 쉬울 것이다.

5 바로 달려갈 수 없을 때는 현금을 보낸다

바로 달려갈 수 없는 경우에는 상대의 계좌로 현금을 보낸다. 피해자는 재산을 잃어서 불안한 상태이고, 그럴 때 현금은 예의를 떠나 실제로 도움이 되기 때문이다. 상대가 손윗사람이라도 결코 실례가 되지 않는다. 금액은 지인일 경우 5만 원 이상, 친척은 10만 원 이상이 적당하다.

"큰돈은 아니지만 조금이나마 도움이 되셨으면 해서요."

라는 말을 곁들이면서 상대가 부담을 느끼지 않고 받을 수 있게 배려하자.

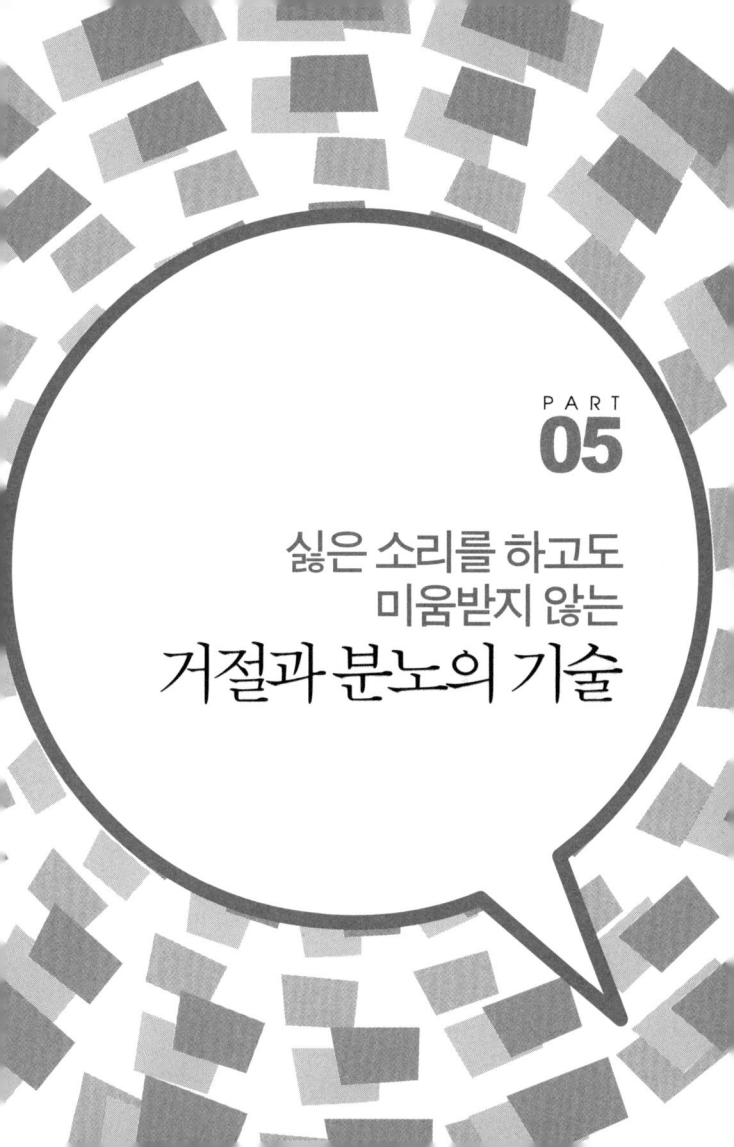

PART
05

싫은 소리를 하고도
미움받지 않는
거절과 분노의 기술

거절하기 곤란한 제안은 언제 어느 때 다가올지 모른다.
그러나 상대의 입장을 생각해 무조건 받아들일 수도 없는 노릇.
당장의 마음 불편함을 생각하기보다
나중에 닥칠 더 큰 피해와 후회를 생각한다면
좀 더 현명한 판단을 내릴 수 있을 것이다.
한편, 화를 내는 순간에는 누구나 이유가 있다.
그러나 지나고 보면 대개 한 호흡만 참아도 되었을 일들.
사람들을 향해 "나를 미워해달라"고 크게 외치는 것이 바로
분노임을 안다면,
순간적인 화를 참는 데 조금은 도움이 될 것이다.

잘못을 바로바로 지적해야 직성이 풀립니다

'충격완화장치'를 사용하고,
'완벽한 사람'이라는 이미지를 버리세요.

 다른 사람의 잘못을 절대 그냥 넘기지 못하고 그 자리에서 바로 지적하는 사람이 있습니다. 물론 잘못된 것은 지적을 받고 개선해야지요. 하지만 지적받는 순간 상대가 자신의 잘못을 깨닫는다 해도 당시의 수치스러움은 잊히지 않고 계속 남아 지적한 사람을 두고두고 미워하게 될지도 모릅니다.

 잘못을 지적하고 싶다면 그전에 '충격완화장치'를 마련해둘 필요가 있습니다. 그래야 상대도 부담

없이 받아들입니다. 예를 들어 설명드리죠.

친구와 대화를 하던 P씨는 "우리 중학교 동창 중에 꽤 잘살았던 K 있잖아. 걔네 집안이 얼마 전에 '풍지박살'이 났대."라는 친구의 말에 그만 웃음을 빵 터트리고 말았습니다. 그러고는 "'풍지박살'이 뭐냐 '풍비박산'이겠지. '풍지박산'은 들어봤어도 '풍지박살'은 또 처음 듣는다. 하하하." 했지요. 순간 분위기가 싸해졌습니다.

이 상황에서 P씨는 이런 식으로 말했어야 합니다.

"사자성어는 뜻을 생각하지 않으면 무심코 틀리게 말하는 경우가 많은 것 같아. '풍지박살'이 아니라 '풍비박산'이 맞는 말이야."

여기에 한마디 더 덧붙인다면,

"흔히 '풍지박산'이라고 잘못 말하는 경우도 많은데, 나도 얼마 전에 정확히 알았어. 바람 '풍', 날아갈 '비', 우박 '박', 흩어질 '산'을 써서, 바람에 날려 사방으로 흩어지는 것을 뜻한대."

라고 정정해주면 됩니다. 그러면 친구도,

"그렇구나. 나도 '풍비박산'이 맞는 말인 건 알았는데 입에 배어서 그만……. 어쨌거나 이제 정확히 머릿속에 입력됐어. 알려줘서 고마워."

하면서 순순히 받아들일 겁니다.

팁을 한 가지 더 드릴까요. 다른 사람의 잘못을 곧바로 지적하지 않고는 못 배기는 성격이라면, 평소 자신의 결점을 조금씩 드러내세요. 즉, '완벽한 사람'이라는 이미지를 스스로 버리라는 뜻입니다. 그러면 다른 사람이 실수를 저질렀을 때 주변 사람들에게 반감을 사지 않으면서 자신이 하고 싶은 말을 할 수 있습니다. 예를 들면,

"내가 일은 빠른데 실수가 좀 많아."

"내가 의외로 돈에 예민한 구석이 있어. 나도 그게 좀 싫어."

"내가 단것을 많이 좋아하는 편이야. 그래서 다이어트도 늘 실패하지 뭐야."

이런 식으로 말하면서 당신 스스로 부족하다고 생각하는 부분을 하나씩 꺼내놓는 겁니다. 자신의 결

점을 오픈한 사람, 즉 '완벽한 사람'이 아니니 다른 사람의 결점을 지적하더라도 사람들의 반감이 훨씬 덜할 겁니다.

누가 봐도 제 의견이
더 탁월했는데 묵살당했습니다

<u>옳은 의견, 좋은 의견보다 중요한 건
타이밍입니다.</u>

 기획회의 중에 과장이 이번에 진행할 새로운 기획안을 발표했습니다. 순간 Q씨는 '이 주제라면 내 안건이 더 낫겠다.'는 생각이 들었고, 과장의 발표가 끝나자마자 자신의 기획안건을 발표했습니다. 모두 Q씨의 안이 더 낫다고 생각하는 눈치였지만, 결과는 황당하게도 과장의 안으로 최종 결정되었습니다.
 당신이 Q씨라면 어떻게 하겠습니까? 상부의 결정을 순순히 받아들일 수 있겠습니까?

이런 상황에서는 과장의 입장을 한 번쯤 생각해보기를 권합니다. 실제로 Q씨의 아이디어가 훨씬 탁월했더라도 그의 제안은 타이밍이 좋지 않았습니다. 그 자리에 있던 다른 사람들도 바로 그 타이밍이 적절치 못했기 때문에 당황했을 겁니다. 그래서 Q씨의 안건을 무조건 지지할 수만은 없었을 겁니다.

Q씨가 자신의 의견을 돌발적으로 말하기 전에 분위기를 먼저 파악하고 주변 사람들의 눈치를 살핀 다음 발언했다면, 다시 말해 과장을 배려하는 마음을 조금이라도 가졌더라면 좋았을 거예요. 내 의견이 호의적으로 받아들여지기 위해서는 타이밍이 이토록이나 중요합니다.

사심 없이 제 생각을
말했을 뿐인데 친구가 화를 냈습니다

**일단 상대의 의견을 수긍한 다음,
당신의 생각을 말하세요.**

상대의 말이 자신의 뜻과 어긋났을 때,
"아니야, 그렇지 않아."
하면서 곧장 정면으로 반대하고 나서면 상대는 기분이 상해서 당신과 더 이상 대화를 나누고 싶지 않을 겁니다.

상대의 말에 반대 의견을 말할 때 가장 현명한 방법은,
"글쎄, 그렇게 생각할 수도 있겠지. 그런데 말이

야……."

 라는 말을 시작으로 당신의 의견을 구체적으로 이어가는 겁니다. 직설적으로 반대 의견을 표출하기 전에 상대의 의견을 먼저 받아들인다는 뉘앙스를 풍긴 다음 당신의 반론을 이야기하면 크게 반감을 살 일은 별로 없을 겁니다. 예를 하나 들어보죠.

 R씨는 친구와 수다를 떨다가 최근 감명 깊게 본 영화에 대해 이야기하게 됐습니다. 그런데 친구가 극찬하는 영화는 R씨가 정말 지루하게 본 영화였고, 그는 "나는 생각보다 재미없던데."라고 했죠. 그랬더니 친구가 "아니야! 네가 이상한 거야. 난 재미있었어!" 하며 발끈했습니다. R씨가 뭘 잘못한 걸까요? 그는 그저 사심 없이 자신의 감상을 말했을 뿐인데요.

 이 경우, R씨는 그 영화가 자신이 보기에 심하게 졸작이고 정말 재미가 없었다 하더라도 "난 그 영화 재미없었어."라고 직접적으로 말하지 말았어야 합니다. 그것은 매너 없는 행동입니다. 친구가 기분 상한 건 당연합니다. 매사에 너무 솔직하면 좋은 인간

관계를 맺을 수 없습니다. 그렇다고 재미있었다고 거짓을 말하라는 것이 아닙니다. 그럴 때는,

"그런 영화는 처음이야."

하면서 '처음'이라는 말을 쓰세요. 훨씬 부드럽게 비판할 수 있습니다. '처음'이라는 말은 '이렇게 놀라운 영화는 처음이야.'라는 의미도 있지만, '이렇게 지독한 영화는 본 적이 없어.'라는 의미로도 해석되기 때문에 꽤 편리한 표현법입니다.

다른 예로 누군가가 만들어준 요리가 맛이 없을 때도,

"이런 맛은 처음이야(어떻게 하면 이렇게 맛없게 만들 수 있어?)."

친구가 자신이 그린 그림을 보여주었을 때도,

"이런 그림은 처음 봤어(뭘 그린 건지 도무지 모르겠어)."

하고 '처음'이라는 표현을 활용할 수 있습니다. 다양한 상황에서 활용 가능한 편리한 표현이지요.

실수를 차마
고백 못 하겠습니다

**나쁜 소식일수록 빨리,
담백하게 말하세요.**

친구가 아끼는 CD를 빌렸다가 잃어버린 S씨. 그런데 도저히 사실대로 말을 못 한 채 시간만 자꾸 보내고 있었습니다. 친구가 워낙 아끼는 거라 어떤 반응이 나올지 불을 보듯 뻔했기 때문이죠.

하지만 일단 S씨는 더 이상 시간을 끌지 말고 최대한 빨리 잘못을 고백해야 합니다. 그렇다고 다음과 같은 상황을 만들면 곤란해요.

S씨 : 네가 빌려준 CD 있잖아.

친구 : 응, 어땠어?

S씨 : 아주 좋던데…….

친구 : 그렇지?

S씨 : 그런데 있지…… 음…….

친구 : 뭐? 무슨 말을 하고 싶은데?

할 말이 있는 것 같은데 자꾸만 멈칫하는 S씨 때문에 친구는 슬슬 화가 나기 시작할 겁니다.

실수나 나쁜 소식을 전할 때는 상대가 화낼까 봐 빙 둘러 이야기하기 쉬운데 이것은 오히려 역효과를 부릅니다. 실제 전하려는 사실보다 이런 태도가 상대를 더 기분 나쁘게 만들기 때문이죠.

이미 다 알고 계시겠지만, 나쁜 소식은 되도록 빨리, 담백하게 전달해버리는 쪽이 낫습니다. 최소한 불필요한 불신을 초래하는 일은 막을 수 있으니까요.

지인이 자꾸만
돈을 빌려달라고 합니다

**돈보다 관계를 더 소중히
여기고 있음을 어필하세요.**

'금전 거래는 불화의 근원'이라는 말도 있고 정말 빌려줄 돈도 없다면, 어려움에 처한 지인이 눈앞에서 아무리 돈을 빌려달라고 하더라도 거절해야겠지요. 하지만 그러려면 어느 정도 용기가 필요합니다. 돈 때문에 관계가 망가져선 안 되니까요.

상대의 입장을 배려해서 모나지 않게 거절하는 가장 무난한 말은,

"섣불리 빌려드렸다가 오히려 제가 나중에 폐를

끼치게 될까 봐서요……."

입니다. 지인의 입장에서는 단호하게 "빌려줄 수 없다"고 거절당하는 것보다 자존심에 훨씬 덜 상처를 받을 겁니다.

빌려준 돈을 계속 못 받고 있습니다

<u>갑자기 생각났다는 듯이
말을 꺼내세요.</u>

 돈을 빌려준 당신에게는 갚아달라고 말할 권리가 있습니다. 하지만 자칫 재촉하면 상대가 기분 상해하면서 당신을 악착같은 사람으로 몰아갈 수 있으니 주의하세요. 돈을 빌려주고도 나쁜 소리를 들을 수 있다는 겁니다.

 이럴 때는 이런 방법을 사용해보세요. 첫마디를 '그러고 보니'라는 말로 시작하는 겁니다. 마치 지금 막 생각난 것처럼 말이죠.

"그러고 보니, 내가 지난번에 대신 내준 점심값 아직 못 받았는데."
 "그러고 보니, 지난번에 카페에서 커피값 내가 대신 냈지?"
 라는 식으로 웃으며 밝게 이야기하면 상대도,
 "미안해."
 "참, 그랬었지."
 "아, 맞다."
 하면서 순순히 돈을 갚을 겁니다.

부담스러운 선물을 받았습니다

마음은 받고
선물은 돌려보내세요.

공직이나 회사 관리자 자리에 있으면 받아도 되는지 고민되는 선물이 들어올 때가 있습니다. 보내는 이유가 분명하지 않다면 선물에 손을 대기 전에 그대로 돌려보내는 것이 현명합니다.

그러나 이유도 잘 알고 있고, 상대와의 관계도 악화시키고 싶지 않을 때는 무턱대고 돌려보내는 것이 다소 예의에 어긋난 행동일 수 있습니다.

이럴 때는 선물을 돌려보내면서 메시지 카드를 동

봉하세요.

'호의는 고맙습니다만 앞으로도 선물은 보내지 말아 주셨으면 합니다.'

라는 거절의 메시지를 써보내는 겁니다. 즉, 마음만 받고 선물은 돌려보내는 것이지요. 반감을 덜면서 자연스럽게 거절하는 방법입니다.

무의미한 관행을 없애고 싶습니다

당신이 먼저
"필요없다"고 말하세요.

T씨의 회사는 분위기가 가족 같아서 생일 때마다 직원들끼리 선물을 주고받습니다. T씨도 처음에는 신선하고 기분 좋았지만, 횟수가 잦아지니 귀찮기도 하고 겉치레만 하는 것 같아 마음이 편치 않았습니다. 모두에게 그만두자고 하고 싶지만 관계가 서먹해질까 봐 그럴 수도 없었죠.

이처럼 원치 않는 관행을 자연스럽게 없앨 방법은 무엇일까요? 이 경우 T씨는 자신의 생일이 다가왔을

때 모든 직원들 앞에서 될 수 있는 한 태연하고 밝은 목소리로,

"저는 선물 필요 없습니다~!"

라고 화끈하게 말해버리는 것이 좋겠습니다. 선물을 받으면서 난감한 표정으로,

"난 선물 안 줘도 되는데……."

라고 하거나,

"이런 번거로운 풍습은 빨리 없어지는 게 좋을 텐데……."

하며 표정을 굳히면 사람들에게 빈축을 사겠지요.

그런데 "필요없다"는 말을 절대 먼저 하면 안 되는 경우도 있습니다. 명절이나 연말 선물을 매년 주고받는 경우가 그렇습니다. 시간이 흘러 사이가 왠지 멀어지면서 선물 주고받는 것을 그만두고 싶을 때는 그저 아무 말도, 어떤 행동도 하지 말고 자연스럽게 그 시기를 넘기세요.

"올해는 죄송하지만……."

이라는 내용으로 먼저 전화를 하거나 메시지를 보

내서 긁어 부스럼을 만들지 마시길 바랍니다. 만약 상대와 간혹 얼굴을 마주치더라도 아무 일도 없었던 것처럼 행동하세요. 선물하지 않은 것을 마음에 걸려 하며 연락도 않고 숨어 다니면 오히려 더 나쁜 이미지를 줍니다.

참석할 수 없는 모임에 초대받았습니다

거절을 미루지 말고,
"미안하다"는 말과 함께 다음을 기약하세요.

"못 갑니다."
하고 그 자리에서 잘라 말할 것이 아니라,
"다음에는 꼭 가겠습니다."
하고 희망적인 말로 끝내는 것이 좋습니다. '끝이 좋으면 다 좋다'는 말도 있지 않습니까. 비록 거절의 말이라도 마지막은 희망적인 말로 마무리하는 거죠. 예를 들어 지인이 "토요일에 우리 집에서 파티를 열 건데, 당신을 초대하고 싶어요."라고 하면,

"초청은 고맙습니다만, 이번 달에는 주말에도 계속 일해야 할 것 같습니다. 대신 다음 달부터는 시간이 있으니 파티를 또 여신다면 꼭 다시 불러주십시오."

라고 답하면 좋습니다. 이 말에는 '시간만 있으면 꼭 참석하고 싶습니다.' 라는 뜻이 내포되어 있기 때문에 거절의 말이긴 해도 당신의 이미지에는 지장이 없습니다. 오히려 호감이 더 커질지도 모릅니다.

"죄송합니다만", "미안합니다만" 이라는 사과의 말, 즉 '쿠션 멘트'를 서두에 부드럽게 곁들이면 더 좋습니다. 거절할 만한 이유가 분명히 있는데 굳이 사과까지 할 필요가 있느냐고 반문하실지도 모르겠습니다. 하지만 할 수 없는 일을 거절할 때 "죄송합니다.", "미안합니다."라는 사과의 말은 생각보다 효과가 큽니다. 이 한마디만 덧붙여도 인간관계가 허물어지지 않으면서 유연하게 "NO!"라고 말할 수 있거든요. 또 첫마디를 사과로 시작해서 퉁명스럽지 않게 거절하는 말을 이으면, 거절하는 사람도 심리적 부담을 덜고 좀 더 수월하게 말할 수 있습니다.

앞의 사례를 예로 들어 살펴볼까요.

"그날은 갈 수 없을 것 같습니다."

"죄송하지만, 그날은 갈 수 없을 것 같습니다."

두 번째 말이 훨씬 부드럽지 않습니까?

"죄송하지만", "미안하지만" 외에도 서두에 넣으면 좋은 쿠션 멘트는 또 있습니다. "정말 아쉽지만"이라는 말입니다. '당신의 청을 거절하기가 무척 힘들다.' 라는 뜻과 함께 '거절할 이유만 없다면 당연히 수락하고 싶지만' 이라는 긍정적인 어감을 상대에게 전할 수 있습니다.

단, 이 말은 상대에게 어중간한 기대감을 줄 수 있으므로 정말 확실하게 거절해야 할 때는 적절하지 않습니다. 그럴 때는 "정말 말씀드리기 힘들지만" 이라는 표현을 쓰세요. 보다 정중하게 들리면서도 확실하게 거절한다는 의미를 전할 수 있습니다.

또 다른 상황을 예로 들어볼까요.

상대의 부탁이나 초대를 거절할 때 '바쁘다' 는 것을 이유로 많이 듭니다. 웬만한 경우에는 거의 다 통하는 거절방법이죠. 그런데 "바쁘다"는 말도 상대에 따라 가려 써야 합니다.

가령 친한 친구가 한잔하자고 했을 때는,

"미안한데, 바빠서. 미안."

이라고 확실하게 거절 의사를 밝혀도 나쁜 인상을 주지 않습니다. 그런데 신세를 지고 있는 거래처 사람이 한잔하자고 했을 때는 꽤 난감하죠. 바쁘다는 이유로 단호히 거절하기가 참 어렵습니다. 이때는 다소 고전적이기는 하지만,

"마음은 둘인데 몸이 하나뿐이라서……."

라는 표현을 쓰면 무난합니다. '이런저런 신경 쓸 일이 많아서 몸이 열 개라도 모자랄 지경이다', 즉 '몹시 바쁘다'는 말을 부드럽게 돌려서 말하는 겁니다. 단, 자기보다 나이가 많은 사람에게 이렇게 말하면 건방져 보일 수 있으니 주의하세요.

이상은 일대일로 직접 초대받은 경우인데, 이 밖에 모임이나 파티, 리셉션 등 여러 사람과 동시에 초대를 받았을 경우에 대해서도 이야기해볼까요.

이때 대부분의 사람들은 '나 하나쯤 연락 안 해도 괜찮을 거야. 어차피 모이는 사람이 많을 테니까.' 하고 느긋하게 생각하며 아예 참석 여부조차 알리지 않는 경우가 많습니다.

그러나 이때는 되도록 빨리 참석 여부를 알리는 것이 좋습니다. 주최자는 참석 인원이 확정되어야 음식의 양이나 여러 가지 필요한 물품들을 미리 준비할 수 있거든요. 참석 여부를 빨리 알려주는 사람이 당연히 고마울 수밖에 없습니다.

일찌감치 불참 사실을 전해놓고 뒤늦게 다시 참석 의사를 알리는 것도 방법입니다. 주최자는 이 모임에 대해 당신이 보이는 관심과 당신의 적극적인 자세에 호감을 품을 겁니다.

아울러, 참석할 계획이었으나 막상 당일에 도저히 갈 수 없는 상황이 되어버렸을 때는 모임의 주최자에게 곧바로 연락을 해야 합니다. 모임 다음 날 이메일이나 문자 메시지로 불참 이유를 써서 사과하면 더 좋습니다. 주최자는 '많은 사람을 대상으로 한 파티에서 이토록 정중하게 사과 메시지까지 보내주다니…….' 하고 감격해서 당신을 부쩍 더 좋게 생각할 겁니다.

관심 없는 이성에게 프러포즈를 받았습니다

거절의 이유를 절대 곧이곧대로 말하지 말고,
적당한 핑곗거리를 찾으세요.

별로 관심 없는 남성이 "요리사가 아주 유명한 프랑스 식당이 있습니다. 이번 토요일에 당신을 그곳에 초대하고 싶습니다."라고 데이트 신청을 하면 대개의 여성들은 마음에 없으면서도,

"미안한데요, 그날은…… 그러니까……."

하면서 말끝을 흐리게 마련이죠. "죄송하지만"이라는 쿠션 멘트를 사용해 거절을 표하는 것인데, 자칫 남성에게 가능성의 여지를 남길 수 있다는 것이 문제입니다. 이때 거절하는 이유를 곧바로 찾지 못하면 이도 저도 못 하는 상황에 놓일 수도 있어요. 또, 바쁘다는 이유를 대면 "그럼 언제 만날 수 있나요?" 하며 빌미를 줄 수 있으니 특히 주의하세요.

가장 깔끔하게 거절하는 방법으로는,

"말씀은 고맙습니다. 마음만 받을게요."

라고 말하는 겁니다. 긍정적 이미지의 거절 멘트라서 상대의 호의를 무참히 저버리고 싶지 않을 때 편리하죠. 강력한 조력자, 이를테면 아버지를 등장시키는 것도 좋은 방법입니다.

"저희 아버지가 워낙 깐깐하고 잔소리가 많으셔서……."

라고 말한 다음 상냥한 말투로 거절하는 겁니다.

단, 속으로는 데이트 신청을 수락하고 싶지만 할 수 없이 거절해야만 할 때는 이유를 잘 말하고 나서,

"가까운 시일 안에 다시 청해주세요. 기다리고 있겠습니다."

라는 말로 당신의 진심을 전하세요.

말이 나온 김에 마음에 들지 않는 사람에게 프러포즈를 받았을 때의 대처방법도 이야기해볼까요. 거절하는 이유를 상대에게 정직하게 말하는 것은 절대 금물입니다. 지극히 사적인 상황에서 거절할 때는 기본적으로 자신을 낮춰서 거절하면 반감을 덜 수 있어요.

"당신은 저에게 분에 넘치는 분이라서……."

라는 말이 가장 좋습니다. '모자란 나에 비해 당신은 훌륭한 사람이다.' 라는 뜻이기 때문에 무난하지요.

술을 못 마시니 술자리가 두렵습니다

**상냥한 말투로 이해를 구하고
솔선해서 분위기를 띄우세요.**

술을 못 마시는 당신에게 누군가가 술을 권했을 때,

"저는 술을 못 마셔요."

라고 직접적으로 말하는 것은 좋은 대처법이 아닙니다. 잘 알다시피 분위기가 한순간에 어색해지거든요. 그럴 때는,

"제가 원래 술을 좋아하지 않아서……."

"아쉽게도 저는 술을 못 마십니다."

라며 아쉽다는 듯 거절한 다음,

"G씨는 술을 잘 드시네요. 부러워요. 저는 한 잔만 마셔도 얼굴이 벌개지고 화장실로 직행해야 하는데……. 비록 사이다를 마시고 있지만, 이해해주실 거죠?"

하고 자리를 모면하세요. 이때 중요한 것은 '술을 못 마시지만 함께 시간을 보내고 싶다'는 뜻을 상대에게 보여주는 겁니다. 그런 다음 잔을 들고,

"자, 한 잔 드세요."

하고 권하면, 술자리 흥을 깨지 않으면서 함께 유쾌한 시간을 보낼 수 있을 겁니다.

꼭 퇴근 무렵 새로운 업무를 지시하는 상사가 있습니다

**공적인 일은 사적인 이유를,
사적인 일은 공적인 이유를 대세요.**

 매사 너무 솔직하게 거절하면 관계가 나빠질 수 있으니 유연한 대처가 필요합니다. 직장 상사가 퇴근시간이 다 되어갈 무렵 상습적으로 새로운 일을 지시할 때는 사적인 이유로 부드럽게 거절하세요. 그러면 모나 보이지 않습니다.
 "죄송합니다. 실은 오늘 어머니 생신이라 식구들과 외식하기로 해서요."

"친한 친구가 지방으로 내려가게 돼서 송별회를 하기로 했습니다만……."

이런 이유를 대면 상사도 어쩔 수 없다고 여길 겁니다. 단, 반드시 유념해야 할 것이 있습니다.

"여자친구와 데이트가 있어서요."

라는 식의 사적인 이유는 금물입니다.

반대로 사적인 인간관계에서 거절할 일이 있을 때는 회사 일을 이유로 드는 것이 현명합니다. 상대의 상상력이 미치지 않는 부분을 이유로 대는 것이지요. 대부분 수긍할 겁니다.

한 번의 실수나 잘못도 그냥 넘어가지 않는 상사 때문에 괴롭습니다

**변명은 금물,
재빨리 그리고 순순히 잘못을 인정하세요.**

사소한 실수도 절대 그냥 넘기지 않고 일일이 지적해대는 상사가 있습니다. A씨는 사사건건 상사와 부딪히는 반면, B씨는 상사와 잘 지내죠. B씨가 다른 사람의 화를 받아들이는 데 익숙한 사람이기 때문일까요?

상사가 두 명의 부하직원에게 각각 다른 반응을 보인다면 원인은 상사가 아니라 직원들에게 있습니

다. 추측건대 B씨는 상사에게 지적을 받으면 금방,

"죄송합니다. 시정하겠습니다."

하고 사죄하는 타입일지도 모르겠습니다. 상사가 무슨 말을 하든,

"네, 알겠습니다."

하고 성실한 자세로 듣는 거죠. 생각해보세요. 이러면 누구라도 금방 분노가 가라앉지 않겠습니까? B씨에 대한 신뢰가 두터워지는 것은 두말할 것도 없고요.

한편 A씨는 상사에게 지적을 받으면 순식간에 욱해서 이런저런 변명을 대기 급급한 타입일지 모릅니다. 만약 정말 그렇다면 분노 게이지가 급상승한 상사는 훈계와 설교를 끝없이 늘어놓을 게 뻔합니다.

상대가 누구든 잘못을 저질렀을 때 변명은 금물입니다. 잘못을 재빨리 그리고 순순히 인정하고 사과해야 합니다.

실언이나 실수는 어떻게 만회하나요?

<u>실언이든 실수든 그 자리에서
당장 사과부터 해야 합니다.</u>

친구들과 대화하다가 농담 끝에 말실수를 해버렸다면 첫마디에 바로,

"미안해."

라고 사과하고,

"혹시 내가 말실수를 한 거야?"

라고 순수하게 물어보는 것이 좋습니다. 그랬을 때 친구가,

"솔직히 네가 말을 잘못했어."

라고 대답한다면, 그 자리에서 바로 사과하는 것이 옳고요.

특히 상대가 정말 거론하고 싶지 않은 말을 해버렸을 때 그대로 무시하고 지나가버리면 두 사람 사이에 큰 응어리가 남게 됩니다. 친구는 그때의 아픈 기억을 잊지 못하고, 당신도 찝찝한 기분이 계속 남게 되지요.

한 번 실언을 하고 나면 "그때는 정말 미안했다"고 뒤늦게 정정하며 말하기가 좀처럼 쉽지 않습니다. 실언했다는 것을 알아챈 순간, 그 자리에서 곧바로 깔끔하게 인정하고 사과하는 것이 현명합니다.

업무상 실수를 저질렀을 때도 마찬가지입니다. 실수로 인해 그 일과 관련된 많은 사람에게 피해를 끼치게 됐다면 문제는 더 크겠지요. 시간 안에 그 일을 마무리 짓기 위해 속도감 있게 일을 다시 진행시켜야 하는 것은 물론이고요. 마음이 무거워 도무지 일이 손에 잡히지 않더라도 일단은 사과부터 하는 게 옳습니다. 언제까지나 혼자 낙담에 빠져 아무것도 손대지 못하고 있을 수는 없어요. 그러면 그럴수록 사람들은 '진심으로 반성한다면 그 마음으로 일에나 집중할 일이지!' 하며 당신에게 더 화가 날 겁니다. 일단,

"여러분에게 폐를 끼쳐 정말 죄송합니다. 다시 한번 잘 해보겠습니다."

하고 관계자 전원에게 그 자리에서 깔끔하게 사죄한 다음, 실수한 부분을 일의 결과로 만회하는 것이 최선입니다. 사과 한마디 없이 아무 행동도 하지 않은 채 움츠리고만 있으면 사람들을 더욱더 불쾌하게 만들 뿐이에요.

상대를 배려하는 말이었는데 오해를 받았습니다

"괜찮아"보다는 "좋아", "죄송합니다"보다는
"드릴 말씀이 없습니다"라고 말하세요.

 사소한 말 한마디로 상대의 기분을 상하게 하는 경우가 종종 있습니다. 그중에는 우리가 흔히 하는 말인 "○○도 괜찮아."도 포함되는데, 상대를 배려하는 뜻으로 한 이 말이 오히려 상대의 마음을 깊이 상하게 만들 수도 있습니다.

 예를 들어 요즘 경제적으로 힘들다고 고백한 동료와 점심식사를 하러 가서 상대를 배려하는 마음에 당신이 "난 우동도 괜찮아."라고 말했다고 칩시다.

순간 동료의 표정이 굳으며 분위기까지 어색해졌다면, 무엇이 문제였을까요? 어쩌면 동료는 '초밥정식을 먹고 싶지만 내 주머니 사정을 생각해서 싼 음식을 먹자는 거구나.' 라고 생각했을 수 있습니다. 이때는,

"나는 우동이 좋아."

"우동 먹지 않을래?"

라고 말하는 것이 더 적절합니다. 그랬다면 동료도 순수한 마음으로 당신의 제안을 받아들였을 거예요.

또 다른 상황도 있습니다. 회사에서 직속 상사가 "지난번 맡긴 서류는 아직도 안 끝났나?"라고 하면, 당신은 우선,

"죄송해요."

하고 사과를 하겠지요. 나쁘지 않습니다.

그러나 한참 손위의 상사 혹은 고객으로부터 지적을 받았을 때는 얘기가 좀 다릅니다. 이때는 "죄송해요."라는 사과만으로는 부족합니다. 가볍게 들릴 수

있기 때문이죠. 적어도,
 "죄송합니다."
라고 말해야 하고 성의를 좀 더 나타낸다면,
 "드릴 말씀이 없습니다."
라고 말하는 것이 좋습니다.
 첨언하자면, 다른 사람에게 무언가를 부탁할 때도 "미안하지만"보다는 "죄송합니다만" 하고 좀 더 정중한 표현을 쓰는 것이 좋습니다.

불만을 직접 말하기가
어렵습니다

**불만은 에두르지 말고
유머를 섞어 말하세요.**

　H씨는 약속시간에 자주 늦는 여자친구에게 오늘만은 꼭 한마디하겠다고 마음먹었습니다. 그런데 막상 그녀 앞에 서니 무슨 말을 어떻게 꺼내야 할지 몰랐죠. 겨우 생각해낸 첫마디가 고작 "화장을 하려면 시간이 꽤 걸릴 거야, 그치?"였습니다. 그러자 여자친구는 뜬금없다는 표정으로, "……응, 그렇지, 뭐……." 했죠. 답답해진 H씨는 다시 "그렇군. 집에서 지하철역까지 가는 데도 시간이 좀 걸리고 말이

야."라고 했고, 그의 속마음을 눈치챈 여자친구는 결국, "그래서, 무슨 말을 하고 싶은 건데?" 하며 화를 내고 말았습니다. 기분 상할까 봐 돌려 말하려다 오히려 그녀의 화만 돋우는 꼴이 되고 말았죠.

이 경우 전달하려는 메시지가 상대에게 분명하게 전달되지 않았던 것이 문제입니다. 상대를 배려한답시고 불만을 에둘러 말하면 상대가 오히려 답답해하며, 급기야 감정적인 언쟁으로까지 번질 수 있습니다.

사실 누군가에게 불만이 있어도 정확하게 말하지 못하는 이유는, 말했다가 괜히 미움만 살까 봐 걱정하기 때문입니다. 물론 불평만 늘어놓는 사람을 사람들이 좋아할 리 없죠. 하지만 그보다 더 문제가 되는 것은 오히려 표현방법입니다.

당신 주변에 자신의 생각을 확실하게 말하면서도 미움은커녕 오히려 사랑을 받는 사람이 있을 겁니다. 그런 사람들은 상대를 불쾌하게 만들지 않고 자신의 생각을 능수능란하게 말하죠. 그들의 특징은 바로 '장난'과 '유머'를 적절하게 사용할 줄 안다는 겁니다.

예를 들어 남자친구와 식사를 하고 있는데 그가 쩝쩝쩝 소리를 내며 먹는 것이 너무 싫다면,

"정말 먹는 소리 한번 크다. 뭐, 잘 씹어 먹으니 건강에는 문제가 없겠지만 말이야."

"먹는 모습이 아주 와일드한걸. 난 흉내도 못 내겠어."

라는 식으로 장난 섞어 불만을 말하는 거죠. 이것은 상대의 기분을 망치지 않으면서 자신의 불만을 털어놓기 좋은 기술입니다.

단, 농담조라고 하기에는 뭔가 가시 돋친 말이 되지 않도록 주의하세요. 농담의 기준은 상대가 기분 나쁘지 않아야 한다는 거니까요.

또 한 가지 유념해야 할 것이 있습니다. 불만을 말할 때 절대 말해서는 안 되는 세 가지 금지어가 있어요. 이것들은 상대를 화나게 만들고, 인간관계를 악화시키죠. 그 세 가지는 바로, '도대체 왜(무엇 때문에)', '어째서', '또' 입니다.

"도대체 왜(무엇 때문에) 지각하는 거야?"

"어째서 약속한 자리에 안 나오는 거야?"

"또 나만 기다려야 해?"

이런 말들은 당신이 얼마나 말도 안 되는 상황을 겪고 있는지를 강조하는 것처럼 보여서 상대를 기분 나쁘게 만듭니다. 비록 상대에게 분명한 잘못이 있다 해도 그런 표현으로는 상대가 순순히 인정하게 만들 수 없습니다. 이 말을 들은 상대는 속으로 '또 신경질이네……' 하며, 당신에게 되레 싫증을 느낄 거예요. 서로 감정이 상해서 마음속 불만을 잘 전달할 수 없게 되고, 관계만 더 악화되죠. '나는 전혀 잘못이 없고, 잘못은 전부 상대에게 있다'는 자세로는 결코 좋은 인간관계를 구축할 수 없습니다.

만약 입만 열면 신랄하게 비판하게 될 것 같은 기분이 들 때는 의견 표현을 삼가고 제삼자를 끌어들이는 방법이 있습니다. 예를 들어 친구가 추천해준 소설이 재미없다면 그 소설을 좋아할 만한 다른 친구를 끌어들여서,

"J라면 아마 좋아할 거야."

라는 식으로 말하는 거죠. 눈치 빠른 친구라면 그 말 속에 '나는 재미없었지만 말이야.' 라는 뉘앙스가 담겨 있다는 것을 알 겁니다. 그리고 자신이 좋아하는 소설을 직접적으로 비판받은 것이 아니니 그냥 수긍하고 넘어갈 거예요. 오히려 자신이 좋아하는 작품을 지지해줄 만한 사람이 있다는 사실을 알고 기분이 좋아질지도 모릅니다. 당연히 분위기가 어색해질 일도 없죠.

적당한 제삼자가 떠오르지 않을 때는,

"이런 책을 좋아하는 사람이라면 너와 아주 잘 어울릴 거야."

라고 말한 다음, 가급적 빨리 다른 화제로 넘어가거나 그 자리를 벗어나는 것이 좋습니다.

화가 나면
감정이 표정에 다 드러납니다

**그 누구도 아닌 당신 자신을 위해
표정을 관리하세요.**

주변 사람들을 가만히 떠올려보세요. 아마 기쁨이나 즐거움 등 좋은 감정을 풍부하게 표현하는 사람일수록 주변 사람에게 좋은 인상을 주고 인기도 많을 겁니다. 반면 나쁜 감정을 잘 표현하는 사람은 주변에 사람이 없고 인기도 별로 없지 않나요?

예를 들어 상사가 화가 나 있을 때 '왜 내가 이런 수모를 당해야 해?'라고 생각하며 불만을 품거나 그 순간을 모면하기 위해 무조건 "네, 네."라고 대답하며 책임을 회피하려 하거나 반항적인 태도를 취한다면, "뭐야, 그 떫은 표정은!" 하고 더욱더 상사의 분노를 키울 겁니다.

누군가가 나에게 화를 내면 결코 기분 좋을 리가 없습니다. 그럼에도 불구하고 그 자리에서는 감정을 일단 억누르고 "죄송합니다."라는 한마디로 깔끔하게 사과하세요. 그 누구도 아닌 당신 자신을 위해서 말이죠. 진심으로 미안한 표정을 지으면 상대의 잔소리나 질책도 빨리 끝날 겁니다.

나쁜 감정은 가능한 한 얼굴에 드러내지 마세요. 감정이 얼굴에 잘 나타나는 사람은 어린아이 같고 미숙한 사람이라는 인상을 준답니다.

어쩌다 한 번씩 화를 참지 못해 폭발해버립니다

**화 다스리는 법을
단련하세요.**

K씨는 마음이 잘 안 맞는 상사 때문에 스트레스가 이만저만이 아니었습니다. 툭하면 일 처리가 늦는다는 둥, 눈치가 없다는 둥 핀잔받기 일쑤였죠. 평소에는 그저 웃으며 넘겼습니다. 그런데 어느 날 K씨가 지각을 했고, 상사는 비꼬는 말투로 "지각하는 것까진 이해하겠는데 화장도 안 하고 나오는 건 좀 아니지 않아?"라고 했죠. K씨는 그만 울컥해서 "어지간히 좀 하세요!" 하면서 평소 쌓인 싫은 감정까지 더

해 노골적으로 화를 표출하고 말았습니다. 상사의 표정은 얼어붙었고, 주위 동료들도 사색이 되었습니다. 순간 K씨는 '조금만 더 참을걸.' 하고 후회했지만, 이미 내뱉은 말을 주워담을 수는 없었습니다.

그 심정을 이해 못 하는 바는 아닙니다. 아마 주위 동료들도 K씨의 입장을 다 이해하고 있었을 겁니다. 하지만 그 일로 인해 K씨는 '화를 못 참는 사람', '쉽게 화를 내는 사람'이라는 이미지를 남기고 말았죠.

상대에 대한 적의와 분노를 직접적으로 드러내고, 쉽게 감정적이 되는 사람은 이미지가 나빠질 뿐 아니라 주위 사람들도 멀리합니다. 따라서 화를 폭발시키기보다 화를 표현하는 방법을 단련하는 것이 절대적으로 유리한 처세법입니다. 화를 조절할 수 있는 사람은 주위 사람들로부터 신뢰와 호감을 얻을 수 있죠.

이런 상황에서의 현명한 대처법을 몇 가지 살펴보겠습니다.

① 심호흡으로 마음을 가라앉힌다

마음이 흥분상태가 되면 몸도 긴장되고, 분노가 정점에 이르면 몸이 아예 딱딱하게 굳어버립니다. 분노를 재빨리 진정시키려면 심호흡을 해서 근육의 긴장부터 푸세요. 방법은 간단합니다.

먼저 '1, 2, 3······.' 하고 마음속으로 천천히 숫자를 세면서 3초 동안 숨을 들이마신 다음 숨을 멈춥니다. 그리고 다시 3초 동안 천천히 숨을 내쉽니다. 이런 식으로 숨을 들이마시고 내쉬기를 반복하면 몸의 긴장이 풀리면서 마음도 평온해집니다. 분노에 침착하게 대처할 수 있는 상태가 되는 거죠.

'화내지 말자, 화내지 말자.' 하면서 이성으로 감정을 억누르려 하지만 말고 심호흡으로 몸의 긴장을 풀어주면 마음도 자연스럽게 평온해진다는 것을 기억하세요.

② 충돌을 막기 위해 일단 자리를 피한다

복싱에서 양쪽 선수의 싸움이 너무 격렬해지면 주

심이 두 사람을 제지합니다. 극도로 흥분상태에 있는 두 사람을 일단 떼어놓고 진정시킨 다음, 경기를 재개하기 위함이죠. 화가 났을 때도 이런 방식을 응용하면 좋습니다.

"지금 화가 너무 많이 나서 당신과 대화할 상황이 아니야. 나중에 마음이 진정되면 다시 얘기하자."

"지금 내 마음이 굉장히 혼란스러워. 우리 잠깐 쉬었다가 얘기하자."

이렇게 당신이 먼저 휴식을 제안하는 거죠. 연인이나 부부, 부모와 자식 사이의 다툼 등 가까운 사람들과의 다툼일수록 감정을 억누르지 못하고 심한 말을 내뱉는 경우가 많은데, 시간을 두고 마음을 가다듬으면 하지 않아도 될 말을 하고 후회할 일이 없습니다.

다툼을 멈추고 혼자 있을 때는 집 밖으로 나가거나 방에서 TV 또는 책을 보는 것이 좋습니다. 자기도 모르는 사이에 서서히 분노가 가라앉을 거예요.

③ 생각을 다른 데로 돌린다

화를 직접적으로 표출하지 않으려면 일단 그 자리에서 벗어나는 것이 제일 좋지만, 직장에서와 같이 그렇게 할 수 없을 때는 머릿속 스위치를 전환해서 전혀 다른 생각을 하는 방법이 있습니다.

'오늘 점심은 뭘 먹을까?'

'주말에는 여행을 가야겠다.'

이렇게 의식을 과감하게 다른 방향으로 돌리는 겁니다.

④ 화나는 마음을 제삼자에게 털어놓는다

심호흡을 해도, 시간을 가져도, 생각을 다른 데로 돌려도 좀처럼 화가 가라앉지 않는다면 당신이 신뢰하는 사람에게 마음을 털어놓는 것도 도움이 됩니다. 화를 말로 바꿔 발산하는 과정에서 왜 화가 났는지, 상대에게 이 감정을 어떻게 전하면 좋을지 하나씩 정리가 될 겁니다.

말할 상대를 찾지 못했다면 감정을 전환할 수 있

는 장소에서 큰 소리로 외치거나, 하고 싶은 말을 녹음해 듣는 등 화나는 마음을 어떻게든 말로 직접 표출하세요.

그렇게 해서 화를 가라앉히면 문제의 상대를 다시 만났을 때 당신의 감정을 침착하게 설명할 수 있을 겁니다.

상대를 자극하지 않고 화를 표현할 수는 없을까요?

<u>상대를 책망하지 말고, 그로 인한
'나'의 힘든 점을 이야기하세요.</u>

화를 잘 내는 사람 곁에는 누구도 선뜻 다가가려 하지 않습니다. 걸핏하면 상대를 공격하는 말을 던지기 때문이죠.

화나는 감정을 전할 때는 상대가 아니라 '나'를 주어로 하는 것이 좋습니다. "당신이~"라는 말로 시작해서 상대의 잘못을 책망할 것이 아니라, "이러이러해서 내가 힘들어."라는 식으로 '나'를 주어로 표현하는 겁니다. 상대를 질책하는 말투는 상대와의 사이에 벽을 만들기 때문에 결코 좋은 관계를 이어나가지 못합니다. 예를 하나 들어보죠.

업무상 야근이 잦은 남편 때문에 마음고생이 심한 아내가 있습니다. 참다 참다 어느 날 늦게 귀가한 남편에게 "왜 당신만 이렇게 항상 늦어?" 하며 화를 내고 말았죠. 피곤했던 남편은 아내가 자기를 이해 못 해준다고 생각했는지 "일하느라 늦은 거잖아!" 하고 맞받아쳤습니다. 이후 대화가 좋게 이어질 리 없습니다. 아내가 "늦을 것 같으면 미리 전화라도 해주면 좋았잖아! 저녁 해놓고 얼마나 기다렸는지 알아?" 하자 남편은 더 이상 아무 말도 하지 않고 방으로 들어가 아예 입을 닫아버렸습니다.

이 경우 아내가 남편을 자극하지 않으면서 화난 이유를 부드럽게 전달하는 방법은 무엇일까요.

"당신이 항상 늦으니까 신경 쓰여서 잠도 얼른 잘 못 자고, 들어와서 밥 달라고 할까 봐 식탁도 못 치우고, 그냥 놔두자니 집 안에 음식 냄새가 배고, 내가 이래저래 좀 힘들어."

이렇게 말했더라면 남편이 "미안해. 앞으론 미리 전화할게. 그때는 기다리지 말고 먼저 자." 하고 오히려 미안해하며 상냥하게 대답하지 않았을까요?

그런데 만약, 일단 말을 꺼내면 자기도 모르게 상대를 질책하는 말이 튀어나올 것 같으면 "이러이러한 일로 화가 났어."라고 화가 난 이유를 직접적으로 먼저 전하세요. 이후에 좀 더 차분한 어조로 조목조목 설명을 덧붙이는 겁니다.

예를 들어 여동생이 허락도 없이 당신의 물건을 자꾸 가져간다고 합시다.

"왜 말도 없이 내 신발을 자꾸 신고 가는 거야!"

이렇게 어느 날 갑자기 폭발하듯 화를 내기보다,

"네가 내 신발을 말도 없이 가져가서 화가 났어. 소개팅 나갈 때 신으려고 했는데, 막상 없으니까 당황되잖아."

이렇게 말하는 겁니다. 그러면 동생은 '어머, 그랬구나. 나 같아도 화가 났을 거야.'라고 생각하며 순순히 잘못을 인정하고 사과할 겁니다.

죽어도 다른 사람에게 부탁을 못 하겠습니다

**의외로 사람들은 누군가에게
도움을 줄 수 있다는 사실을 기뻐합니다.**

한 심리학 실험 결과, 부탁을 받는 쪽은 부탁한 사람에게 절대 나쁜 감정을 갖지 않는다는 사실이 밝혀졌습니다. 오히려 자신이 누군가에게 필요한 사람이라는 사실과 도움을 줄 수 있음에 기뻐하고 감사하며, 심지어 부탁한 사람에게 호감을 품기도 한답니다. 마음이 조금 편안해지셨습니까?

그러면 지금부터 상대를 기분 좋게 하면서 부탁을 잘하기 위한 기술을 몇 가지 짚어보겠습니다.

① 의문형으로 부탁한다

"춥지 않아?(추우니까 창문 닫자.)"

"이 서류, 복사 좀 해줄래?(복사해와.)"

"전화 오는 거 같은데?(시끄러우니까 전화받아.)"

"아직도 저 식당에 가?(다른 식당에 가자.)"

이런 식으로 진짜 하고 싶은 말을 의문형으로 부드럽게 돌려 말하면 상대에게 바라는 행동을 친절하게 재촉하는 것이 되어 미움을 받지 않으면서 당신의 뜻을 관철시킬 수 있습니다.

② 장점을 이야기하며 상대를 기분 좋게 만든다

"당신, 이번 일요일에 잔디 좀 깎아주지 않을래? 당신이 하면 전문가가 하는 것처럼 말끔해서 좋아."

"당신이 타주는 커피가 맛있더라. 한 잔 부탁해."

"네가 좋은 식당을 많이 아니까, 이번 모임에도 장소 선택 좀 부탁할게."

이렇게 상대를 살짝 추켜세우면서 부탁하는 것도 기분 좋은 부탁의 기술입니다. 나보다 당신이 적임

자다'라는 사실을 강조하는 것이 포인트죠. "이것 좀 해줘요."라고 말할 때보다 상대가 훨씬 더 흔쾌히 부탁을 들어줄 겁니다.

③ 미안한 마음을 표현한다

윗사람이 아랫사람에게 부탁을 할 때 흔히 저지르기 쉬운 잘못이 '윗사람인 내가 하는 말이니 너는 당연히 부탁을 들어줘야 한다'는 식의 태도입니다. 이것은 자신에 대한 평가를 스스로 낮추는 일이죠. '무엇이든 강요하듯이 뻔뻔스럽게 시키는 사람'이라는 나쁜 인상을 주기 십상입니다. 생각해보세요.

"이 서류 정리해놔."

라고 말하는 것과

"미안한데, 이 서류 좀 정리해줄래?"

라고 말하는 것 중 어떤 말에 더 흔쾌히 부탁을 받아들이겠습니까. 당연히 후자입니다. 따라서 부탁을 할 때는,

"잠시 부탁하고 싶은 것이 있는데 말이야."

하고 상대를 배려하는 표현을 반드시 한마디 덧붙이세요.

④ 진지한 태도로 꼭 필요한 일임을 어필한다
"바쁘면 어쩔 수 없지만……."
"급한 것은 아닌데 말이야."
"무리하게 부탁하는 건 아닐까 모르겠는데……."
부탁하기 전에 이런 말을 하는 것은 아무 도움이 되지 않습니다. 부탁을 들어달라는 말인지 안 들어줘도 상관없다는 말인지, 상대를 헷갈리게 할 뿐이죠. 이런 말을 하는 것은 거절당했을 때의 머쓱함이나 충격을 최소화하기 위해 미리 빠져나갈 구멍을 만들어두는 심리입니다.

그러나 부탁은 당신이 필요하고 원하는 일이 있을 때 하는 거잖아요. 그 사실을 잘 인식하고 진지한 자세로 부탁하는 쪽이 당신을 위해서도 상대를 위해서도 나은 방법입니다. 최소한 상대가 헷갈리거나 기분 상하는 일은 없을 테니까요. 꼭 필요한 일 때문에 진지한 태도로 부탁하는 사람을 미워하거나 기피할 사람은 그리 많지 않습니다.

⑤ 거절의 가능성을 항상 염두에 둔다

저 사람 정도면 분명히 부탁을 들어줄 거라는 생각에는 상대를 업신여기는 마음이 깊숙이 깔려 있습니다. 신기하게도 부탁을 받은 사람은 그 거만한 태도를 민감하게 알아차리죠.

또 "YES"라는 대답을 확신하고 있으면 "NO"라는 말을 들었을 때 냉정하게 대처하지 못합니다. 부탁을 거절당했을 때 필요 이상으로 낙담하고 실망하거나, "왜 안 들어 주는 거야!"라며 도리어 화를 내는 것은 바로 그런 이유 때문입니다. 그런 상황이 벌어지면 상대는 물론 주변 사람들까지도 당신을 이상한 사람이라 여기게 되죠. 당신에 대한 이미지가 나빠지는 것은 더 말할 것도 없고요.

그러니 부탁을 할 때는 거절당할지도 모른다는 가능성을 항상 염두에 두세요.

적극적으로 도움을 주던 사람이 저를 피합니다

**도움을 청할 때의 태도만큼이나
도움받은 후의 행동도 중요합니다.**

 이직할 직장을 찾던 E는 친구에게 자신이 가고 싶은 회사에 대해 알아봐달라고 부탁했습니다. 친구가 발이 넓은 편이거든요. 며칠 후, 친구는 다양한 인맥을 동원해 그 회사에 대한 이야기를 들려줬습니다. E는 그 회사가 자신이 생각했던 것과는 영 다른 곳이라는 사실에 깜짝 놀랐고, 곧장 다른 회사로 눈을 돌려 더 좋은 곳으로 이직했습니다. 그런데 그날 이후 친구의 태도가 돌변했습니다. E가 연락을 하면 시큰

둥했죠.

여기에서 E의 실수가 무엇인지 눈치채셨습니까? 그렇습니다. 도움을 받기만 하고는 입을 싹 닦아버렸지요. 친구는 상당히 기분이 상했을 겁니다.

자, 그러면 누군가로부터 도움을 받은 다음에는 어떻게 행동해야 할까요. 크게 세 가지 정도 짚어보겠습니다.

① 상대가 부탁을 받아주면 크게 기뻐한다

누군가가 당신의 부탁을 들어준다면,

"고맙습니다. 정말 기뻐요. 큰 도움이 될 겁니다."

하며 무조건 크게 기뻐하는 모습을 보이세요. 이것은 다른 사람에게 부탁할 때 가장 중요한 태도입니다. 당신이 진심으로 기쁨을 표현하면 상대는 '내가 좋은 일을 했구나.' 하는 생각에 기분이 좋아지거든요. 게다가 당신이 기뻐하는 모습을 또 보고 싶어서라도 다음 부탁을 또 한 번 흔쾌히 들어줄 가능성이 높습니다.

기쁨을 숨김없이 잘 표현하기만 해도 좋은 인간관계를 만들 수 있다는 점을 명심하세요.

② 도움이 되었으면 그 결과도 알려준다

어떤 식으로든 상대가 한 일이 당신에게 도움이 되었다면 도움된 내용을 나중에 구체적으로 피드백하는 것이 상식이고 예의입니다. 시간이 지나도 그 일에 대해 일언반구조차 하지 않는다면 당신은 그 사람에게 앞으로 다시는 도움을 받을 수 없을 겁니다. 앞의 사례의 경우,

"A사로 옮길까 고민 중이었는데, 네 얘기를 듣고 생각을 바꿨어. 너한테 그 말을 듣지 못했다면 위험한 선택을 할 뻔했지 뭐야. 정말 고마워."

라고 말하면서 실제로 도움이 된 내용과 함께 감사 인사를 전했어야 합니다. 그랬다면 친구에게 '은혜를 알고 매너도 있는 녀석이군.' 이라는 이미지를 줬을 겁니다.

③ 언젠가 반드시 보답한다

사람들은 대개 누군가에게 도움받은 일은 잘 잊어버려도 누군가를 도와준 일은 절대 잊지 않습니다. 그러니 도움받은 것에 대해서는 유형으로든 무형으로든 언젠가 반드시 보답하세요. 상대의 기쁨이 배가될 겁니다. 앞의 사례라면 최소한,

"고마워. 밥 한번 살게."

라는 말이라도 했어야 합니다. 그러면 친구는 쑥스러워하며,

"뭐 그 정도 일 가지고……. 아무튼, 알았어."

하고 받아주겠지요. 이 정도는 친구들끼리 흔히 나눌 수 있는 대화입니다.

부탁할 때 처음부터 보답의 조건을 내걸면 오히려 뭔가를 바라고 도움을 주는 것 같아 기분 상해하는 사람이 있을지도 모릅니다. 그렇다 하더라도 보답은 반드시 하세요. 다음에도 분명 당신이 그 사람에게 부탁할 일이 생길 테니까요.

BONUS TIP
5

비호감도 체크리스트
상대를 울컥하게 만드는 당신의 입버릇과 태도

다음 중 당신에게 해당하는 것을 모두 체크해본다.

- ☐ 하루라도 불평불만을 하지 않으면 입안에 가시가 돋힌다.
- ☐ 걸핏하면 남을 탓한다.
- ☐ 변명이 먼저 튀어나온다.
- ☐ 사사건건 잔소리한다.
- ☐ 돈 쓰는 데 인색하다.
- ☐ 아는 체한다.
- ☐ 입만 열면 자기자랑이다.
- ☐ 다른 사람의 취향을 하찮게 여긴다.
- ☐ 스스로를 '좋은 사람'이라고 생각한다.
- ☐ 한 번 옳다고 생각한 것은 절대 번복하지 않는다.
- ☐ 우유부단하다.
- ☐ 자신감이 없고 자기비하를 자주 한다.

앞의 행동 방식 중 한 가지라도 당신에게 해당하는 것이 있다면 주의가 필요하다. 알게 모르게 주변 사람들로부터 미움을 받고 있을 가능성이 다분하기 때문이다.

1 하루라도 불평불만을 하지 않으면 입안에 가시가 돋힌다

"이 회사에서는 사원들에 대한 배려라곤 찾아볼 수가 없어."

"내 후배 A는 어찌나 실수를 자주하는지, 어떤 일도 믿고 맡길 수가 없어. 짜증나."

"회사 근처 중국음식점들은 하나같이 기름을 너무 많이 써."

이런 식으로 입만 열면 불평불만을 늘어놓는 사람은 기피 대상이다. 이런 사람들의 특징은 주변의 일을 시시콜콜 전부 불만스럽게 말한다는 것이다. 회사 분위기를 개선하고자 한다거나, 후배가 실수하지 않도록 지도한다거나, 다른 중국음식점에 갈 생각도 없다. 자신은 인정하지 않겠지만 불만을 말하는 것을 단지 즐길 뿐이다. 불평하지 않으면 입에 가시가 돋는 타입인 것이다. 매사 나쁜 쪽으로 생각하여 말하면서 스스로는 결코 결단을 내리지 못하는 사람. 그런 사람일수록 타인에게는 엄격하고 불평불만이 많다. 미움받는 것은 당연하다.

한 번쯤은 당신의 불만을 듣고 있는 사람을 생각해보자. 항상 불쾌한 표정을 짓고, 입만 열면 남의 험담이나 자기자랑이 입버릇인 당신을 보고 있기가 얼마나 피곤하고 짜증나겠는지. 당신의 입에서 나오는 말이 당신의 가치를 결정한다는 것을 잊지 말자.

2 걸핏하면 남을 탓한다

"B 대리가 우리 팀에 온 후로 기획 건이 매번 실패했어."
"당신 때문에 내가 직장도 그만두고 살림만 하고 있잖아!"
이렇듯 일이 자기 생각대로 되지 않을 때 남을 원망하고 싶어지는 것은 인지상정이다. 그러나 "무엇무엇 때문에"라는 말이 입에 붙은 사람은 툭하면 다른 사람에게 책임을 전가하므로 주변 사람들이 피곤하고 불쾌해진다.
기획이 실패했다는 말을 뒤집어 생각해보면 이후에 뒤따를 더 큰 피해를 피할 수 있었다는 뜻이고, 남편을 책망한 아내는 훗날 더 나은 일을 찾을 수 있을지도 모른다.
무엇이든 자신만 옳다는 생각으로 상대를 비난하면 누구와도 인간관계가 원만하지 못하고, 결국 혼자 고립되고 만다.

3 변명이 먼저 튀어나온다

"기계가 갑자기 문제를 일으켜서……."
"담당 기술자가 입원해서……."
"도착해야 할 부품이 오지 않아서……."

이런 식으로 자신이 불리한 상황에 처하면 변명부터 앞세우는 사람이 있다. 이런 사람들은 대개 책임감이 없어 일 처리를 항상 흐지부지하게 하고, 무슨 문제가 생기면 도망치거나 잘못을 속이기 일쑤다. 문제에 대해 먼저 사과하기보다 책임을 회피하고 이유를 대기에 급급하다. 그러나 그것은 다 변명일 뿐이고, 말을 하면 할수록 이미지만 나빠진다. 자신의 잘못을 인정하지 않는 자세 때문에 상대에게 불신감을 준다.

"기계가", "담당자가", "부품이"라는 식으로 자기 외의 다른 것을 주어로 삼지 말고 '나'를 주어로 삼아 상황을 설명하면, 주변 사람으로부터 신뢰를 받을 수 있다.

4 사사건건 잔소리한다

아랫사람이나 자녀에게 사사건건 "~해야 돼!" 하고 가르치듯, 명령하듯 말하는 습관이 있다면 하루빨리 버려야 한다. 상대를 염려해서 하는 말이겠지만 듣는 입장에서는 훈계나 잔소리로만 들릴 뿐 결코 달갑게 느끼지 못한다.

생각해서 한 말인데 상대가 기분이 안 좋아 보인다거나 화를 낸다면, 당신의 말투부터 찬찬히 점검해볼 필요가 있다.

5 돈 쓰는 데 인색하다

C는 회사 동료들 사이에서 인색한 사람으로 유명하다. 팀원 전체가 술을 마신 후 술값을 계산할 때쯤이면 "난 별로 마시지도 않았는데……." 하며 투덜거린다. 그러면 다른 사람들은 어쩔 수 없이 C가 지불할 돈만 깎아준다. 회사에서 술을 마시러 갈 때도 상사가 한 턱 내겠다고 할 때만 약삭빠르게 참석하고, 자신이 돈을 내야 하는 자리에는 어떤 핑계를 대서든 빠져나간다. 좋게 말하면 계산속이 빠른 사람이지만, 대부분의 동료들은 C를 그저 약삭빠른 사람이라며 손가락질 할 뿐이다.

C처럼 돈에 인색하다는 이미지는 인간관계에 큰 타격을 준다. 무엇이든 자신의 이득만 따져 생각하고 행동하는데 누가 좋아하겠는가.

6 아는 체한다

만난 지 얼마 되지 않은 여자친구에게 자신이 지식인이라는 것을 과시하고 싶던 D.

"내 친구들이 그러는데 나더러 걸어 다니는 사전이래. 남자라면 기본적으로 알아야 할 상식들인데 말이지."
그러자 여자친구가 물었다.
"요새 언론에서 '포퓰리즘'이라는 말이 많이 나오던데, 학생들의 무상 급식안도 포퓰리즘의 한 형태라면서? 정확히 무슨 뜻이야?"
"아…… 그거. 포퓰리즘이면 '포퓰러'가 '대중적인'이라는 뜻을 가진 말인데, 대중주의? 근데…… 무상 급식과 대중주의가 무슨 연관이 있지? 잘못 들은 거 아니야……?"
여자친구의 실망한 표정을 보고서야 아차 싶은 D. 돌아가는 길에 스마트폰으로 검색해보고서야 포퓰리즘이란 정확히 '대중의 인기에 영합하는 정치 행태'임을 알게 되었지만, 그의 지식수준은 이미 바닥을 드러내 보인 지 오래였다. 잘 보이고 싶은 마음에 무엇이든 잘 알고 있다는 식의 태도를 보이다가는 이런 낭패를 겪을 수 있다. 모르는 것은 솔직하게 모른다고 말하는 것이 좋다. 최소한 '솔직한 사람'이라는 평은 받을 수 있으니 말이다.

7 입만 열면 자기자랑이다

모든 말에 '내가'라는 말을 넣는 사람은 자만이나 교만 어린 사람으로 보일 뿐 아니라 상대를 불쾌하게 만든다. 예를 들면 "최근에 빌려 준 CD 어땠어?"라고 해도 될 것을

"최근에 내가 빌려 준 CD 어땠어?"라고 하고, "이번 기획이 통과돼서 프로젝트 리더가 되었어."라고 해도 이해될 것을 "내 기획이 통과돼서 이번 프로젝트에서 내가 리더 역할을 맡았어."라고 하는 식이다.

의식적으로든 무의식적으로든 이런 말을 자주 하는 사람은 자기주장이 너무 강해서 주변 사람을 신경 쓸 여유가 없다. 머릿속은 항상 '나'에 대한 이야기로 가득 차 있고, 상대의 입장 따위는 전혀 고려하지 않으며, 자기중심적이고 자기애가 강하다. 또 항상 자신이 가장 높게 평가받아야만 하고, 그러지 못하면 마음이 차지 않는다는 특징도 있다. 《백설공주》에 나오는 왕비처럼 '이 세상에서 가장 예쁜 사람은 나다.'라는 근거 없는 믿음을 가지고 자기 외에 다른 사람이 좋은 평가를 받으면 용서가 안 되는 것이다.

자기자랑 중에서도 특히 미움을 사는 것은 학력, 회사의 직함, 지위에 관한 이야기다. 이런 주제로 자기자랑을 많이 하는 사람은 대체로 자신이 보수와 지위를 통해 높게 평가받고 있기 때문에 찬사를 받아야 한다는 착각에 빠져 있다.

그러나 그의 실상을 자세히 들여다보면 자기평가가 낮고 무슨 일에나 자신감이 없는 경우가 많다. 자신이 굉장한 사람임을 스스로 어필하지 않으면 상대에게 무시당할 것 같아 미리 선수를 치는 것이다.

지나친 자기자랑은 아무리 현란한 말솜씨로 포장한다 해도 듣는 사람에게 혐오감을 주고, 결과적으로는 자기 이미지를 스스로 부정적으로 만드는 일이 된다. 필요 이상으로 자신을 좋게 보이려고 하면 사람들은 찬사를 보내기는커녕 역겨워할 뿐임을 명심하자.

8 다른 사람의 취향을 하찮게 여긴다

과장 : 미스터 E 자네는 어떤 음악을 좋아하나?

E : 테크노 음악을 좋아합니다.

과장 : 허어, 그래. 시끄럽게 쾅쾅 울려대는 음악 말이군.

E : 아…… 네.

과장 : 스포츠 중계는 어떤 걸 즐겨 보나?

E : 축구를 즐겨 봅니다.

과장 : 축구도 좋지만 눈으로 보기에 즐거운 것은 뭐니 뭐니 해도 야구지. 안 그래?

E : ……예.

이 대화를 보면 과장은 부하 직원의 기호를 물어놓고 전부 부정적으로 대꾸하고 있다.

누구나 자신만의 기호와 가치관이 있는데 그것을 인정하지 않고, 자기와 다르면 무조건 부정부터 하고 보는 사람은 남에게 미움을 사기 쉬운 전형적인 타입이다.

9 스스로를 '좋은 사람'이라고 생각한다

누군가가 내 마음을 헤아려 친절하게 행동해주면 기분 좋게 마련이다. 단, 거기에는 진심이 배어 있어야 한다. 친구에게 고민 상담을 하는데 그 친구가 어쩔 수 없이 듣고 있다는 듯한 태도를 보인다거나, '바빠 죽겠는데.' 하는 표정을 보인다면 그 친구에게 고마운 마음이 들지 않는다. 지하철에서 노인에게 자리를 양보할 때도 어딘가 겸손하지 않고 좋은 사람인 척하며 자신의 친절함을 과시하려 한다면 노인은 막상 자리에 앉으면서도 왠지 고마운 마음까지는 들지 않을 것이다.

붙임성도 수줍음도 배려도 자칫 잘못하면 다른 사람에게 불쾌감을 선사할 수 있다. 특히 '척'을 할 때 그렇다. 이는 자기중심적인 계산에서 나오는 행동이므로, 자신은 못 느끼겠지만 다른 사람은 쉽게 간파한다.

정말 좋은 사람은 '나는 좋은 사람이다.'라는 자만심이나 자기과시욕 따위는 갖고 있지 않다. '당신을 진심으로 배려하고 싶다'는 마음은 그 마음이 진심일 때 무의식적으로 자연스럽게 배어 나오는 법이다. 사람들은 바로 그런 부분에서 감동을 받는다.

10 한 번 옳다고 생각한 것은 절대 번복하지 않는다

자신의 의견이 옳더라도 너무 고집을 부리면 상대에게 반감을 산다. 타협하지 못하는 완고한 태도 때문에 결국 자신만 손해를 보는 것이다. 자존심과 고집이 너무 강하면 인간관계에 방해가 된다. 상대의 의견을 받아들이면서 자신의 생각을 납득시키는 도량이 필요하다.

11 우유부단하다

고집스럽고 자존심이 센 사람의 반대 유형인 우유부단하고 흐지부지한 태도를 보이는 사람도 사람들에게 미움을 산다. 이는 자기 자신을 위해서도 결코 좋은 태도가 아니다. 남에게 이용당하는 경우가 많아 손해만 보기 십상이다. 이런 사람은 우선 확고한 자기 의견을 가지기 위해 노력하는 것이 좋다.

12 자신감이 없고 자기비하를 자주 한다

"어차피 나 같은 게 뭘 하겠어." 하면서 자신을 비하하거나, "역시 잘 될 리가 없어." 하면서 매사 비관적인 사람도 주변 사람들에게 기피 대상이 된다. 자기평가가 낮은 사람에게 힘을 북돋워주는 것은 상당히 피곤한 일이기 때문이다. 게다가 이런 사람은 다른 사람을 수용하는 마음도 부족하기 때문에 쉽게 공격적인 성향을 보인다. 자신을 항상 남과 비교해서 비굴해지거나, 반대로 남을 비하하고 끌어내리며 공격적인 태도를 취하는 것이 그런 맥락이다. 이는 자신감이 없고 스스로를 사랑할 줄 모른다는 것의 반증이다. 따라서 자신을 사랑하는 것부터 시작해서 스스로에 대한 자신감과 유연성을 우선적으로 가지도록 노력해야 한다. 그러면 상대를 따뜻하게 보듬을 수 있다. 자연히 주변 사람들 사이에서 호감도가 상승하고, 그 결과 다른 사람들에게 더욱더 상냥하게 대하게 되므로 인간관계의 선순환 사이클이 형성된다.

이상과 같은 비호감적 특징을 없애기 위해서는 즐겁고 기분이 들뜬 상태일수록 일단 멈춰 서서 자신을 객관적으로 볼 필요가 있다. 또 이런 성향을 보이는 사람을 만났다면, 그를 반면교사로 삼아 스스로를 돌아보자.

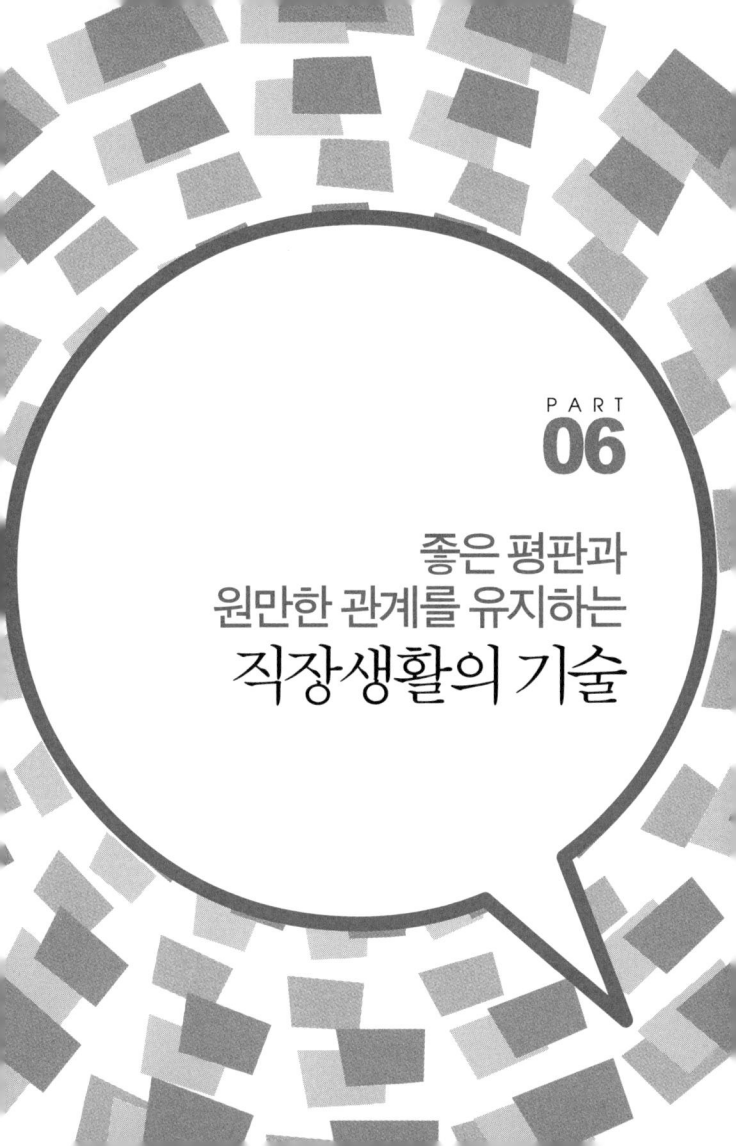

PART
06

좋은 평판과
원만한 관계를 유지하는
직장생활의 기술

인간은 혼자 살 수 없다.
이 지겹도록 당연한 말들을 우리는 가끔 잊고 지낸다.
인간관계에서의 고단함은 어쩌면,
바로 여기서 비롯되는 것인지도 모른다.
다양한 사람들과 부딪힐 수밖에 없는 집단생활에서
모두에게 '좋은 사람'이라는 평가를 받을 수는 없지만,
최소한 '나쁜 사람'이라는 손가락질을 피할 방법은 있다.
그 비결은 바로,
아주 아주 기본적인 예의에 충실하는 것이다.
그런데 우리는 '인간은 혼자 살 수 없다'는
기본 진리를 자주 잊는 것만큼이나
기본적인 예의를 지켜야 한다는 사실을 자주 잊는다.

부하 직원을 꾸짖을 때마다 서로 얼굴을 붉힙니다

**입장을 바꿔 생각하고
인격적으로 대하는 것이 기본입니다.**

어쩌면 질책에 대한 당신의 생각과 태도에 문제가 있을 수도 있습니다. 꾸짖는 방법에도 노하우가 필요하죠. 몇 가지 살펴보겠습니다.

① 인격이 아닌 행위를 꾸짖는다

진정한 리더는 부하가 잘못을 저질렀을 때 벌을 주기 위해 꾸짖는 것이 아니라, 두 번 다시 같은 실수나 실패를 저지르지 않도록 경각심을 주기 위해 꾸짖습니다. 부하를 유능한 인간으로 키워주고 싶은 것이 최종 목표이기 때문에 인격이나 인품을 비난하는 말 같은 건 절대 하지 않죠. 오로지 행위 그 자체에만 초점을 맞춥니다. 가령 계산 실수를 저질렀을 때, "이런 것은 초등학생도 할 수 있는 계산이야!"라는 식으로 자존심에 상처를 입히는 말투는 쓰지 않습니다. 대신,

"서두르지 않아도 좋으니 정확한 계산을 부탁하네."

라고 말합니다. 거래처 손님의 기분을 상하게 만들었을 때도, "자네는 정말 대책이 없군." 하며 인격을 부정하는 말투를 쓰지 않습니다. 그보다 먼저 거래처 손님에게 어떻게 사과해야 할지 최선의 방법을 가르쳐주고,

"다시는 같은 실수를 하지 않도록 부탁하네."

라고 말합니다. 이렇게 하는 것이 더 좋은 결과를 가져다줄 뿐 아니라 부하의 태도 개선에도 효과가 크기 때문이죠.

② 다른 사람 앞에서 인격을 꾸짖지 않는다

부하 직원이 같은 실수를 반복할 때는 원칙을 바꿔서 성격과 관련한 문제까지 언급해야 하는 경우도 있습니다. 그런데 상사도 사람인지라 비난을 하다 보면 원래 다짐과는 달리 감정이 격앙될 수 있고, 그 비난을 들어야만 하는 부하 직원도 애초에 자신의 잘못을 사과하고자 했던 마음이 사라지는 등 정작 필요한 문제 해결에는 접근도 못 하고 결과적으로 분노만 분출하는 꼴이 될 수 있습니다.

따라서 부하의 성격을 고치기 위해 어쩔 수 없이 강한 지적을 해야만 할 때는 반드시 둘만 있는 장소에서 일대일로 꾸짖어야 합니다. 커피숍이나 주점 등 다른 동료가 듣지 않을 장소에서 차분하게 대화를 나누는 것이 좋아요. 그러면 감정을 좀 더 억누르고 인간 대 인간으로 대화를 나눌 수 있습니다. 사람이 많은 자리에서 꾸짖으면 부하는 자존심에 큰 상처를 입고, 회복이 불가능해질 수도 있기 때문입니다. 상사가 애정을 가지고 꾸짖는다면 부하는 분명 그 마음을 충분히 헤아릴 수 있을 겁니다.

③ 긍정적인 표현을 쓴다

지금쯤이면 맡긴 일이 다 끝났어야 하는데 부하 직원이 아직 3분의 1밖에 해내지 못했다면 어떻게 꾸짖겠습니까?

"아직 절반 이상이나 남았다는 거야? 자넨 언제까지 그 일만 붙잡고 있을 건가?"

"벌써 3분의 1은 끝냈단 거지? 근데 지금부터는 속도를 좀 더 내야 할 것 같은데."

'아직'이라는 말을 사용하느냐, '벌써'라는 말을 사용하느냐에 따라 부하가 받아들이는 마음의 무게는 크게 다릅니다. '아직'이라고 하면 부하는 정신적 압박감을 강하게 느끼고 초조해집니다. 초조해지면 일에 실수가 생길 수 있습니다. 한편 '벌써'라고 하면 부하는 '지금까지는 일단 인정받았어. 하지만 나머지는 좀 더 분발해야겠다.' 하고 다짐하며 긍정적인 마음으로 일에 매진할 수 있습니다.

이왕 꾸짖을 거라면 조금이라도 능률을 올릴 수 있는 표현을 쓰는 것이 더 좋은 결과를 가져온다는 점을 잊지 마세요.

④ 다른 직원과 비교하지 않는다

"자네, 이번 달 영업 성적이 아직 목표의 절반도 안 되잖아. 자네 동기인 A씨는 이미 달성했는데 말이야!"

질책할 때 꼭 남과 비교하듯 말하는 상사가 있습니다. 경쟁심을 부추기려는 의도가 있겠지만, 이런 방식은 오히려 역효과를 불러일으키죠. 부하는 자존심에 상처를 입고 자신감을 잃습니다.

부하가 일할 의욕을 잃는다면 꾸짖는 의미가 없습니다. 괜히 잘못 꾸짖어 부하에게 미움을 사고 일에도 지장이 생길 수 있습니다. 경우가 어떻든, 이유가 어떻든 절대로 다른 사람과 비교해가며 꾸짖지 마십시오.

⑤ 요점만 간결하게 꾸짖는다

꾸중듣기를 좋아하는 사람은 아무도 없습니다. 하물며 꾸중이 장황하게 이어진다면 처음에는 반성하며 듣던 부하도 점점 마음이 뒤틀릴 겁니다. 그러다 결국 자신의 잘못은 잊어버리고 속으로 상사를 욕하며 반항심만 키우게 되겠지요.

이런 불상사를 막기 위해서는 꾸짖기 전에 머릿속으로 요점을 정리해두는 것이 요령입니다. 단, 과거의 일을 끄집어내거나 자신의 입장만 강조하는 것은 좋지 않아요.

'이번에는 어떤 점이 잘못되었나?'

'앞으로는 어떻게 하면 좋을까?'

이 두 가지로 범위를 좁혀서 짧고 간결하게 꾸짖는 것이 포인트입니다. 이렇게 하면 부하 직원도 분명 순순히 받아들일 겁니다.

⑥ 실수하기 전의 노력을 인정해준다

부하의 실수를 꾸짖을 때는 비록 결과가 좋지 않

더라도 그때까지 노력한 과정을 인정해줘야 합니다.

"어쨌든 수고했어. 자네가 그동안 이 일에 애 많이 쓴 거 알아."

라는 식으로 수고를 먼저 치하해주는 거죠. 그런 다음 실수를 지적하고 해결책을 함께 모색하는 리더십을 발휘하세요. 그러면 부하도 '다음에는 더 노력해야지!' 하고 다짐하며 의욕을 새롭게 다질 겁니다. 이런 과정을 거쳐야만 실패가 비로소 '성공을 부르는 원천'이 되는 것입니다.

⑦ 꾸짖은 후에는 반드시 격려한다

꾸짖는 방법도 중요하지만 꾸짖은 후에 부하를 대하는 방법이 실은 더 중요합니다. 계속 언짢은 표정을 짓고 있거나 부하를 차갑게 대하면 일에도 영향이 미칩니다.

감정을 폭발시키기 위해 나무란 것이 아니라면, 꾸중한 뒤에 당신의 마음을 곧바로 전환시켜야 합니다. 그런 다음 부하가 다른 생각을 할 틈도 없이 당신이 먼저 부하에게 말을 걸어야 합니다. 가벼운 잡담도 좋고, 일에 대한 이야기도 좋습니다. 점심식사를 함께하거나 술을 한잔하며 개인적인 고민을 들어주는 것도 좋아요. 부하 직원은 '이 상사는 일에는 엄격하지만 인간적으로는 참 따뜻한 사람이구나.'라고 생각할 겁니다.

상사의 눈 밖에 났습니다

**당신이 무심코 하는 행동을
점검해보세요.**

당신도 모르게 무심코 한 행동이 상사의 눈에 곱게 보이지 않았을지도 모르겠습니다. 당신의 행동을 되돌아보며 몇 가지 체크할 부분을 나열해보겠습니다.

① 상사의 체면을 헤아리고 그의 의견에 동조한다

인간은 누구나 자신이 옳다고 생각합니다. 당연히 자신의 의견을 찬성해주는 사람을 좋아하게 마련이지요. 그리고 누구나 자존심을 가지고 있습니다. 부하 때문에 자존심을 다치고도 기분 좋을 상사는 없

습니다. 그러니 상사의 제안이나 의견이 마음에 안 들어도,

"그것은 아니라고 생각합니다."
"절대 그렇지 않습니다."

라는 식으로 단정하듯 부정하는 것은 금물입니다. 이는 여러 사람 앞에서 상사의 자존심을 산산조각 내는 일이기 때문입니다. 그 순간부터 상사는 당신을 눈엣가시로 여기게 될 겁니다.

가장 좋은 방법은 상사의 이야기를 끝까지 들은 후 당신의 의견을 말하는 겁니다. 상사가 가진 문제를 헤아리고 함께 해결하는 자세를 보이는 거죠. 이렇게 말하면 상사에게 미움받지 않고 그로부터 신뢰를 얻을 수 있습니다.

"저도 그 방법이 최고라고 생각합니다."
"말씀하신 방침으로 열심히 해보겠습니다."

이런 식으로 동조의 뜻을 분명히 나타내는 것이 포인트입니다. 이렇게 말해주는 부하 직원을 미워할 상사는 아무도 없습니다. 오히려 자신을 지지해주었으

니 더 호의적으로 대하겠지요. 그러면 이후 당신의 의견이나 제안이 통과될 확률도 한결 높아집니다.

② 상사에게 불려갔을 때의 자세

상사가 불렀을 때 당신은 무의식중에 상사를 화나게 하고 있을지도 모릅니다. 예를 들면 이런 행동 때문이죠. 상사의 눈앞에서 다리를 쩍 벌리고 억센 모습으로 버티고 서서 이야기를 듣거나 책상 바로 앞에 서는 겁니다. 전자는 상대에게 불쾌감을 주고, 후자는 압박감을 줍니다. 만약 그때 상사의 기분이 나쁜 상태라면 상황은 더욱 안 좋습니다. 그런 몸짓 자체만으로 상사의 기분을 더 상하게 만들 수 있으니까요.

몸이 너무 뒤로 젖혀져 있는 것도 좋지 않습니다. 상체가 뒤로 넘어가 있으면 위압적인 태도로 무시하는 것처럼 보이거든요. 정면을 피하고 서되 상체를 앞으로 약간 기울인 자세가 좋습니다. 그런 다음 가볍게 목례를 하고,

"제게 하실 말씀 있으십니까?"

라고 말하면 무난합니다. 겸손한 태도의 기본입니다.

③ 부름과 지시를 귀담아 듣고 있음을 확실히 표현한다

혹시 상사가 "ㅇㅇㅇ 씨, 잠깐만." 하고 불렀을 때, "네!"라고 짤막하게 대답하지 않았습니까? 아주 나쁜 대답은 아니지만, 만약 상사 앞에 서기까지 잠시라도 시간이 지체되면 상사는 또다시 "ㅇㅇㅇ 씨!"라고 소리칠지 모릅니다. 이럴 때는 "네!" 다음에,

"곧 가겠습니다!"

라는 말을 한마디 덧붙이는 것이 좋습니다. 상사의 말을 귀담아 듣고 있다는 뜻을 적극적으로 표현하는 것이죠. 그러면 상사는 물론 주변 동료들도 당신을 신뢰할 수 있는 사람이라고 생각할 겁니다.

마찬가지로 지시를 받았을 때도 "네."라는 대답 다음에,

"잘 알겠습니다."

라는 말을 덧붙이세요. 상사의 명령이나 지시를 제대로 이해했음을 전하기만 해도 일 잘하는 사람이라는 인상을 줄 수 있습니다.

④ 높임말을 올바르게 사용한다

업무적인 대화에는 높임말을 사용하는 것이 기본입니다. 아무리 일을 잘해도 회사에서 높임말을 제대로 올바르게 사용하지 못하면 곤란합니다. 한 조직원으로서 자격 미달인 셈이죠. 높임말에 서툴면 상사 눈에 예의 없는 부하로 비춰지기 때문에 자칫 자신이 가진 능력과 실력에 비해 낮게 평가받는 손해를 입을 수도 있습니다. 특히 나이가 있는 관리직 상사의 경우 부하 직원의 높임말 사용에 민감하다는 점을 명심하세요.

높임말은 나를 낮추고 상대를 높이려는 마음을 잘 나타낼 수 있는 아름다운 방법입니다. 듣는 상대뿐 아니라 주변 사람도 기분 좋게 만드는 매력을 가지고 있죠. 올바른 높임말은 인간관계에서 호감도를 상승시키는 강력한 무기입니다.

⑤ 사과할 줄 안다

당신이 어떤 잘못이나 실수를 저질러서 상대에게 사과해야 할 상황이라면 당신에 대한 이미지가 이미 어느 정도 실추되었을 겁니다. 그러나 이 상황을 어떻게 헤쳐나가느냐에 따라, 즉 어떤 방법으로 사과하느냐에 따라 이후 당신에 대한 평가가 완전히 달라질 수 있습니다.

잘못을 인정하지 못하거나 사과하는 방법이 서툴다면 당신에 대한 상대의 평가가 더욱 낮아지겠지만, 진심을 다해 사과하면 오히려 잘못하기 전보다 한층 더 높이 평가받을 수 있습니다. 상대는 '이 사람에게 이런 면도 있었나?' 하며 당신에게 좋은 감정을 갖게 되죠. 상대가 훌륭한 리더나 상사라면 부하의 잘못을 질책하면서도 좋은 점은 놓치지 않는 혜안을 가졌을 테니까요.

⑥ 상사를 칭찬한다

상사의 마음에 들려면 일단 상사를 칭찬해야 합니다. 우선 상대를 세심하게 관찰하다가 좋은 점을 발견하면 그 점을 부각시켜 칭찬하세요. 작은 일부터 큰 일까지 기회가 있으면 무조건 칭찬하는 겁니다. 별 대수로운 일이 아니라도 칭찬받아 기분 나쁠 사람은 없습니다.

단, 칭찬이 본심과 달리 아부나 아첨, 사탕발림으로 비춰지지 않도록 주의하십시오.

⑦ 상사에게 도움을 줄 때는 눈높이를 맞춘다

주로 이런저런 지시를 내리는 상사도 때로는 새로운 기기나 프로그램의 사용법을 몰라 부하 직원에게 도움을 청할 수 있습니다. 이때를 잘 이용하면 상사에게 후한 점수를 딸 수 있습니다.

예를 들어 상사가 "이 프로그램은 어떻게 사용하면 좋은지 가르쳐줘."라고 했다면, 당신의 태도가 고압적으로 보이지 않도록 하고 시선에 주의하세요.

상사 옆에 서서 화면 앞에 앉아 있는 상사를 위에서 내려다보듯 가르치는 것은 금물입니다. 자칫 잘못하면 상사가 굴욕적인 기분을 느낄 수 있습니다.

평소 지시를 받을 때는 상사가 편한 자세로 앉아 있는 경우가 많으므로 옆에 선 채로 있어도 좋지만, 가르치는 입장이 되었을 때는 몸을 약간 구부려서 눈높이를 맞추는 것이 좋습니다. 다른 의자를 끌어와서 옆에 앉아 설명하는 것도 한 방법이고요. 이렇게 하면 혹여 분위기가 험악해질 염려도 적습니다.

⑧ 상사의 가족에 대한 배려를 보인다

자신의 가족을 배려해주는 사람이 있다면 누구나 기쁠 겁니다. 단,

"사모님은 건강하십니까?"

"따님은 잘 지내시죠?"

라는 식의 인사로 가족에 대한 배려를 표현했다고 착각하지 마십시오. 누구나 흔히 할 수 있는 인사치레일 뿐입니다. 그 정도로 상사가 당신을 '좋은 부

하' 라고 생각하지는 않습니다.

이때는 상사의 아내와 아이의 이름, 나이 정도를 기억해두는 것이 포인트입니다. 그런 다음,

"아드님 ○○ 군은 지금도 유소년 축구선수로 활동 중입니까?"

"따님 ○○ 양은 벌써 중학생이겠군요?"

라는 식으로 가족의 안부를 이따금 구체적으로 묻는 거죠. 그러면 상사는 '우리 가족의 이름과 나이까지 기억하고 있구나. 참 세심한 성격이네.' 하며 내심 감격할 겁니다.

부하 직원들과 잘 어울리지 못합니다

<u>'상하관계'가 아닌 '인간관계'로,
즉 인간 대 인간으로 다가가세요.</u>

어쩌면 당신은 당신의 자리에서 부하 직원이나 후배들을 내려다보고 있는 건지도 모릅니다. 당신은 위에 있고, 그들은 아래에 있습니다. 선이 명확하게 그어져 있으니 당연히 어울릴 수 없지요.

부하 직원이나 후배들을 대할 때는 '상하관계'가 아닌 '인간관계'로 접근해보세요. 즉, 인간 대 인간으로 먼저 다가서라는 뜻입니다. 그 구체적인 방법들은 다음과 같습니다.

① 퇴근 후 시간을 잘 활용한다

90년대까지만 해도 퇴근 후 직원들끼리 함께 술자리를 가지며 서로 소통하고 결속을 다지는 모습을 흔히 볼 수 있었습니다. 그런데 요즘 젊은 세대는 그런 자리를 별로 선호하지 않죠. 사적인 시간을 갖는 것을 더 우선시합니다. 상사가 부하를 생각해서 술을 한잔 사겠다고 해도, 심지어 전체 회식조차 달갑게 여기지 않는 직원이 갈수록 많아지고 있습니다.

그런 부하 직원들에게 "네, 가고 싶습니다!"라는 대답을 흔쾌히 들으려면 젊은 층이 즐겨 보는 정보지 등을 살펴보는 것이 도움됩니다. 독특한 식당이나 맛집으로 추천받는 집, 인기 요리사가 있는 식당을 회식 장소로 선택하면 그들도 기쁘게 받아들일 겁니다. 그리고 술자리에서는 IT 관련 최신 정보 혹은 주로 젊은 층이 잘 알거나 관심이 높은 주제들에 대해 궁금한 점을 물어본다든지 모르는 것을 가르쳐 달라고 하는 것도 공감대 형성에 도움이 됩니다.

어쨌거나 요즘은 부하 직원에게 '좋은 상사'가 되

려면 밥을 사면서도 오히려 이런저런 배려를 더 해야 하는 시대임을 받아들일 수밖에 없습니다.

② 상담 요청에 바로 응한다

부하가 상담을 요청했을 때는 그 자리에서 바로 반응하는 것이 가장 좋습니다. 그러나 도저히 시간을 낼 수 없을 만큼 바쁠 때는,

"알겠네. 그런데 지금은 시간이 별로 없으니까 오늘 퇴근 후에 ○○에서……"

라는 식으로 의논 가능한 시간과 장소를 구체적으로 정하면 됩니다.

둘만 있는 자리에서의 태도도 중요합니다. 부하가 당신에게 상담을 요청했을 때는 단순한 사안은 아닐 겁니다. 우선은 부하가 하는 이야기를 조용히 들어 주세요. 그런 다음 당신의 의견을 강요하지 말고, 부하가 스스로 현명한 판단을 내릴 수 있도록 유도하세요.

때로는 상사인 당신의 고민을 부하에게 털어놓고

의논하는 것도 좋습니다. 그런 자유로운 사고를 통해 '의논하기 쉬운 상사', '대화 나누기 편한 상사'라는 이미지를 얻을 수 있습니다.

③ 신입 사원과의 첫 만남에서는 유머로 긴장을 풀어준다

신입 사원에게는 첫 인사가 중요합니다. 그 자리에서 처음 꺼내는 말 한마디로 선배의 이미지가 결정된다고 해도 과언이 아닙니다.

"열심히 해주세요."라는 식의 인사는 별로 좋지 않습니다. '좋은 선배'라는 인상을 주려면 유머가 필요합니다. 살짝 웃음을 유발할 수 있는 한마디로 긴장감과 불안감으로 가득 차 있을 신입 사원의 마음을 완화시켜주는 거죠.

"부장님은 보기에도 무섭게 보이시고 실제 성격도 무서우니까 조심하세요."

"물어볼 게 있으면 언제든 주저 말고 물어보세요. 그런다고 손가락을 물진 말고요."

"문제가 있으면 바로 나를 찾아오세요. 일 외의 문

제라면 언제든 오케이이니까."

이런 식의 가벼운 농담 한마디로 신입 사원이 피식 웃을 수 있다면 대성공입니다.

④ 일은 믿고 맡기되 감정을 자극하지 않는다

부하에게 일을 맡길 때는 '믿고 맡긴다'는 마음가짐이 중요합니다. 명령이나 지시를 한다는 생각으로 말하는 것은 금물입니다. 또 용건을 바로 이야기하기보다,

"미안. 바쁜 건 아는데 한 가지 부탁할 것이 있어."
"자네 사정도 있겠지만,"

이런 식으로 가벼운 말 한마디를 서두에 덧붙이면 부하는 '한번 해보자.'라는 마음이 들 겁니다.

인간은 감정의 동물임을 잊지 마세요.

⑤ "고맙다"는 말에 칭찬을 덧붙인다

누군가에게 뭔가를 받으면 그것이 아무리 사소한 것이라도 고맙다고 인사하는 것이 기본이죠. 특히

손윗사람이 진심을 담아 "고맙다"고 말해준다면 어느 때보다 기분이 좋을 겁니다.

고맙다는 인사 뒤에 칭찬을 한마디 덧붙이면 그 효과는 더욱 커집니다.

"이번에 보고서를 빨리 완성시켜준 것이 큰 도움이 됐네."

"서류 정리를 한눈에 알아볼 수 있게 잘했군."

이런 칭찬 한마디로 부하 직원이 기뻐하는 얼굴을 보인다면 당신도 기분이 좋아질 겁니다.

⑥ '너'라고 부르지 않는다

부하 직원이나 후배에게 이름도 부르지 않고 다짜고짜 "너, 이리 와봐."라고 하는 상사가 종종 있습니다. 지나친 하대는 아무리 나이 차이가 많이 나는 부하라 하더라도 무시당하는 기분을 느낍니다.

최악의 경우는 이름 대신 "야!"라고 부르는 것입니다. 부하 직원은 상사가 자신의 이름조차 기억해주지 않는 것에 대해, 혹은 그럴 필요조차 못 느끼는 것 같다는 생각으로 크게 상처받을 수 있습니다. 그러니 반드시 "○○○ 씨" 하고 이름을 불러주세요.

일대일 인간관계에서 서로의 인격을 존중하는 것이야말로 업무를 효율적으로 순조롭게 진행시키는 길입니다. 업무를 수행하는 부하의 입장에서 생각하는 상사가 되어보세요.

⑦ 부하의 성과는 많은 사람 앞에서 칭찬한다

직장에서 부하 직원을 칭찬할 일이 있을 때는 단둘이 있을 때 당사자에게만 말하기보다 많은 사람 앞에서 칭찬하는 것이 더 좋습니다. 그래미상이나 아카데미상 수상자가 소감을 말하면서 감격의 눈물을 흘리듯 여러 사람 앞에서 칭찬을 받으면 기쁨이 한층 배가되니까요.

그리고 칭찬을 할 때는,

"지난번 미팅 때 자네가 프레젠테이션을 잘해줘서 거래처와 거래가 잘 성사되었어."

"자네가 마지막까지 열심히 해줘서 이번 달 실적

을 너끈히 달성할 수 있었네."

이런 식으로 성과와 업적을 구체적으로 언급하세요. 그러면 부서 전체의 분위기도 자연스럽게 좋아집니다.

단, 이때 자칫 잘못하면 다른 직원들이 편애한다고 생각할 수 있으니 주의하세요. 칭찬하는 방식이 서툴면 칭찬받지 못한 사람이 내심 당신을 원망할 수도 있고, 최악의 경우 칭찬받은 사람에게까지 피해가 갈 수도 있으니까요. 좋은 마음으로 한 칭찬이 직장 분위기는 물론 당신의 인상까지 나쁘게 만든다면 그것만큼 허탈하고 무의미한 일이 또 있겠습니까.

⑧ 부하 직원의 공로는 자비로 축하한다

부하 직원이나 후배가 상을 받을 만한 업적을 거두었을 때는 사원 몇 명을 모아 축하 파티를 열어주세요. 비록 직장 내에서 당신의 지위가 조금 위태롭게 느껴지더라도 부하에게 박수를 보내며 진심으로 축하해주면 서로 기분이 좋을 겁니다.

단, 그런 자리를 애써 마련해놓고 지출을 회사 경비로 처리한다면 당신의 의도를 의심받을 수 있습니다. 다들 말은 안 해도 '그렇게까지 무리하지 않아도 되는데……' 하며 분위기가 이상해질 수도 있어요.

이런 경우에는 과감히 '당신의 돈'으로 계산하세요. 사비를 털어 축하하는 자리를 마련해주는 상사나 선배는 부하 직원 혹은 후배에게 아주 좋은 인상을 남깁니다. 감동과 고마움이 배가되는 것은 물론 '좋은 상사', '좋은 선배'라는 이미지까지 얻게 될 겁니다.

회사 사람과 밖에서 마주친 후 관계가 서먹해졌습니다

**사생활에 대해서는 봐도 못 본 척,
알아도 모르는 척하세요.**

 다른 사람의 회사 밖 사적인 일을 화제 삼는 것은 금물입니다. 예를 들어 퇴근 후 고급 레스토랑에서 동료를 목격했다고 칩시다. 그리고 다음 날 회사에서 당사자에게 "어제 ○○에서 당신을 보았어요."라고 하면 대부분 모두 굉장히 난처해할 겁니다. 상대에게는 '들키고 싶지 않은 현장'이었을 수도 있기 때문입니다. 비밀 연애 중일 수도 있고요.
 이처럼 최근에는 자신의 사생활을 동료에게 알리

고 싶어 하지 않는 사람이 많아지고 있습니다. 타인의 프라이버시를 침범하지 않는 것이 기본이 된 셈이죠.

회사 밖에서 동료를 발견했을 때는 상황과 분위기에 따라 못 본 척하는 것이 기본 매너입니다. 물론 다른 사람에게 목격담을 말하는 것도 절대 하지 말아야 할 일이죠.

비슷한 경우로 주의해야 할 것은 또 있습니다. 다른 사람이 말문을 열자마자,

"그 이야기라면 나도 알고 있어."

라면서 말을 자르지 마세요. 알고 있는 사실이라도 절대 먼저 말하지 말라는 겁니다.

"역 앞에 주점이 오픈……"

"아, 나 거기 알아. 막걸리 맛이 일품이던데. 내부 인테리어도 그 정도면 훌륭하고. 지난번에 친구랑 갔는데……"

이렇게 앞 말만 듣고 나머지 말을 멋대로 추측해서 더 많이 말하지 않도록 하세요.

특히 상대가 최근에 알게 된 재미있는 유머를 이야기할 때 마지막 하이라이트를 아는 척하며 먼저 이야기해버리는 것은 그야말로 유치하고 수준 낮은 행동입니다. 그 순간, 말을 하고 있던 사람만 기운을 잃는 것이 아닙니다. 그 자리에 있던 다른 사람도 '저 사람은 왜 저렇게 남의 말을 자르는 거야.' 라며 언짢게 생각합니다. 당신의 이미지를 스스로 갉아먹는 셈이죠.

다른 사람이 말을 하기 시작하면 알고 있는 이야기더라도 처음 듣는다는 표정으로 마지막까지 귀를 기울여주세요.

남자인 저는 여직원들에게 유독 인기가 없습니다

**습관적이고 무의식적인 행동들을
점검해보세요.**

 남성이나 여성이나 같은 인간이지만, 같은 상황이라도 여성들 입장에서는 특히 민감할 수밖에 없는 일들이 있습니다. 남성들 사이에서는 대수롭지 않은 일도 여성들이 보기에는 몰상식하고 불쾌한 일이 될 수도 있다는 뜻입니다. 그 몇 가지를 살펴보죠.

 ① 평소에 작은 배려를 베푼다
 여직원들의 마음을 사로잡는 첫 번째 포인트는 평

소 베푸는 작은 배려에 있습니다. 예를 들어 같은 부서의 여직원이 무거운 파일을 들고 걷고 있다면,

"회의실까지 갈 거죠? 제가 들어줄게요."

하며 선뜻 파일을 받아드세요.

만약 여직원들이 단체로 회의실에 남아 잔업을 하고 있다면 더 할 나위 없이 좋은 기회입니다. 수고를 치하하고 위로하는 말과 함께 인원수보다 많은 양의 과자와 음료를 사다주는 겁니다. '참 좋은 사람'이라는 평가와 함께 당신의 주가는 급상승할 겁니다.

양보하는 자세도 필수입니다. 양보도 배려의 한 부분이니까요.

혹시 회사 내 엘리베이터를 탈 때 당신도 모르게 먼저 타지 않습니까? 바쁘다는 것은 핑계에 불과합니다. 엘리베이터 바깥의 열림 버튼을 누르고 웃는 얼굴로 고개를 끄덕이며 '먼저 타세요.' 라는 신호를 보내세요. 그렇게 다른 사람이 먼저 타도록 양보하는 모습만 보여도 좋은 인상을 심어줄 수 있습니다.

엘리베이터를 탔을 때 곧바로 닫힘 버튼을 누르는

것도 좋지 않습니다. 열림 버튼을 누르고 더 오는 사람이 없는지 확인하는 모습을 보이세요. 사람 그림자가 보이면 당연히 기다려주시고요.

하루에도 몇 번씩 반복되는 상황인 만큼 당신의 배려심을 충분히 어필할 기회입니다. 매일 실천하면 '좋은 사람'이라는 이미지가 사내에 확실하게 퍼질 겁니다.

화이트데이 등 특별한 날에만 애쓴다고 해서 좋은 사람이 될 수는 없다는 것을 명심하세요.

② 항상 청결에 유의한다

"남자는 외모가 전부가 아니야. 내면이 중요해!"

이렇게 백날 외쳐봐야 여직원들 앞에서는 통하지 않습니다. 그녀들은 남자 직원의 복장과 몸가짐을 항상 관찰하고 있기 때문입니다.

여성들은 '불결한 남자'를 혐오합니다. 기름진 얼굴, 깎다 만 수염, 비듬 낀 머리카락, 와이셔츠 깃과 목둘레의 때, 쭈글쭈글한 넥타이, 손톱에 낀 때, 담뱃

진으로 물든 치아……. 생리적인 혐오감을 품을 수밖에 없는 것들이죠. 여성들은 이렇게 세세한 부분에도 곧바로 민감하게 반응합니다.

여직원들에게 호감을 얻고 싶다면 매일 아침 거울 앞에서 온몸을 점검해 청결함이 한껏 묻어나는 옷매무새와 몸가짐으로 출근하세요. 체취와 구취에도 신경 쓰시고요. 입 냄새와 땀 냄새 제거제는 필수품입니다.

③ **음료를 가져다주면 반드시 "고맙다"고 말한다**
여직원이 음료를 가져다주었을 때는 아무리 바빠도 절대 당연한 일인 듯 여기면 안 됩니다.
"거기 그냥 놔둬."
"조심해. 그러다 흘리겠어."
라는 식으로 말하는 것은 아무 말도 하지 않는 것보다 오히려 더 나쁩니다.
가장 좋은 대응법은 여직원이 음료를 가져왔을 때 그녀의 눈을 보며 웃는 얼굴로 "고마워."라고 인사하는 겁니다. 그러기 위해서는 그녀의 눈을 먼저 바라보며 인사할 타이밍을 포착해야겠지요.

④ 차별이나 편애를 하지 않는다

여직원들은 차별에 민감하므로 편애는 절대 금물입니다. 예를 들어 한 여직원에게 일을 맡기면서,

"○○○ 씨는 유능한 데다 의욕도 있으니까 이 일을 잘해낼 거야."

라고 말하지 마세요. 특정 여직원에게만 보람이 큰 업무를 맡기는 것처럼 보입니다. 다른 여직원들은 분명 차별받는다고 느낄 것이고, 이후 다른 업무를 지시했을 때,

"저보다는 ○○○ 씨에게 맡기시는 게 어떨까요?"

하며 은근히 반발할지도 모릅니다.

편애를 하면 편애받은 여직원에게도 폐가 됩니다. 다른 여직원들로부터 "너는 항상 특별대우를 받아서 좋겠다."라는 비아냥을 듣거나 따돌림을 당할 수 있기 때문입니다.

따라서 여직원을 대할 때는 누구에게나 같은 태도를 취하세요. 그래야 그들이 당신의 적이 되지 않습니다.

⑤ 아무리 친해도 쉽게 말하지 않는다
"미스 리, 밥 너무 많이 먹는 거 아냐? 시집가려면 몸매 관리 좀 해야지."
"○○ 씨는 뭘 믿고 그렇게 예쁜 거얌?"
"오호, 오늘 입은 옷 섹시한데!"
이런 식으로 젊은 여직원에게 지나치게 허물없이 말하는 사람이 있습니다. 도저히 회사에서 나눌 대화로 보기 어려운 말들을, 특히 아랫사람이라는 이유로 쉽게 내뱉으면 여직원들에게 단체로 미움받기 딱 좋습니다. 친밀함의 표시로 말했을지 몰라도 듣는 사람은 '내가 여자라고 깔보는 건가.' 하며 기분 나쁘게 받아들일 수 있습니다. 회사에서는 누구에게라도 회사에 어울리는 태도로 말하고 대해야 합니다.

이름을 부를 때도 마찬가지입니다. 요즘은 '미스

리', '미스 김' 등의 호칭은 사용하지 않는 것이 좋습니다. 되도록 직함을 부르고, 직함이 없다면 "○○○ 씨!" 하고 이름을 정확하게 부르는 것이 매너죠.

업무 지시 후 마지막에 "부탁해."라는 말을 덧붙이면 한층 더 좋은 인상을 줄 수 있습니다.

⑥ 상대가 원치 않는 신체 접촉은 하지 않는다

여직원의 신체에 접촉하는 것은 금기 중의 금기입니다. 회식 자리에서 취기를 빌미로 신체 접촉을 하는 것은 말할 것도 없고 가벼운 터치도 안 됩니다. "○○ 씨!" 하고 부르면서 등을 친다거나 앉아 있는 여직원의 어깨에 손을 얹으며 말을 거는 것도 마찬가지입니다. 그 정도는 괜찮다고 말하는 여성들도 간혹 있지만, 기본적으로 남성으로부터 원치 않는 신체 접촉을 당하는 것에 혐오감을 느끼는 여성이 더 많다는 것을 명심하세요.

직장 내에서는 더욱 주의해야 합니다. 자칫 '걸핏하면 여직원들에게 신체 접촉을 시도하는 사람', 더

심하게는 '성희롱하는 사람'으로 소문이 돌기 시작하면 명예 회복이 불가능합니다.

⑦ 여직원들에게만 부드러운 태도를 보이지 않는다

어떤 조사 결과에 따르면 현대 여성이 남성에게 원하는 첫 번째 요소가 '부드러움'이라고 합니다. 고압적인 태도나 위압적인 말투는 '부드러움'의 정반대 개념이죠. 여성들로부터 반감을 살 뿐이므로 반드시 피해야 합니다.

그렇다고 여성에게만 부드럽게 대하는 것도 금물입니다. 계약직 남자 직원이나 남자 아르바이트생에게 함부로 대하거나 버럭버럭 소리를 지르는 모습을 여성들은 절대 놓치지 않습니다.

직장에서는 누구에게라도 부드럽고 친절하게 대하도록 노력하세요. 그러면 여직원들은 '저 사람은 상사가 되어도 거만 떨지는 않을 것 같다.'라고 생각하며 당신의 팬이 될 겁니다.

Q 074

같은 여자인데도 여직원들 대하기가 어렵습니다

**같은 여성의 입장에서 생각하면
답은 금방 나옵니다.**

'여성의 적은 여성이다' 라는 말도 있듯 여성은 동성에 대한 잣대가 유독 엄격합니다. 그래서 여성이 많은 집단에서는 평소보다 더 많이 주의해야 합니다. 그 몇가지 사항은 다음과 같습니다.

① 남성을 유혹하는 모습을 절대 보이지 않는다

가장 신경 써야 할 것은 남성에게 묘한 성적 색깔을 띠지 말아야 한다는 겁니다. 고양이 같은 목소리로 말하거나, 친근하게 신체 접촉을 시도하거나, 화장을 진하게 하거나, 옷과 향수로 성적 매력을 어필하려 하지 마세요. 남성을 사로잡을 수 있을지는 모르겠지만, 그 즉시 동성으로부터 차가운 시선을 받으며 반감을 사게 될 겁니다.

② 조직 내의 소문에 동참하지 않는다

"과장님 도시락 싼 수건에 하늘하늘한 레이스가 달려 있는 거 알아? 사모님 취향이 그런 건가 봐."

"어머, 사랑스러워라."

여기까지의 대화는 크게 이상할 것이 없습니다. 그런데 이런 식의 대화가 길어질수록 문제 발생의 위험이 커집니다.

"과장님 셔츠가 어제랑 똑같은 거 알아?"

"그러고 보니 A씨가 오늘따라 무지 졸던데."

어떻습니까. 대화가 점점 이상하게 흘러가고 있죠?

이런 상황이 되었을 때는 못 들은 척하는 것이 상책입니다. 같은 자리에 있다는 이유로 괜히 대화에

끼지 마십시오. 나중에라도 당사자들이 알게 되면 미움을 살 게 뻔합니다. 더구나 그것이 완전한 오해였다면 같이 대화를 나눈 사람들과 똑같은 사람으로 취급되어 주변 사람들이 경계할 겁니다.

함께 자리한 여성들이 듣기 불편한 말로 자리에 없는 누군가를 험담하거나, 사실이 확인되지 않은 소문을 쑥덕일 때는 별 흥미가 없다는 듯한 태도를 보이세요.

"설마……"

라는 말과 함께 별로 믿음이 안 간다는 뉘앙스를 풍기며 그 자리에서 슬쩍 빠지는 것이 현명합니다.

③ 사생활을 궁금해하지 않는다

"주말에는 어디 안 갔어?"

"어제는 뭐했어?"

"퇴근하면 집에서 뭐해?"

이런 식으로 얼굴을 마주하기만 하면 리포터처럼 사적인 일을 꼬치꼬치 묻는 사람이 있습니다. 본인은 매우 평범한 잡담이라고 생각할지 모르지만 질문을 받은 상대는 자신의 너무 세밀한 부분까지 탐색하려 드는 것 같아 기분이 좋을 리 없습니다. 말은 안 해도 '왜 당신이 그런 것까지 일일이 알려고 하는 건데?' 라고 생각할 가능성이 충분하죠.

소통할 계기를 만들고 싶다면 근처에 오픈한 가게 이야기나 당신이 키우는 애완견 이야기 등 당신 주변의 즐거운 이야기부터 시작하세요.

④ 여자 상사를 특별하게 대한다

동성은 물론 이성 간에도 가장 대하기 어려운 사람이 여자 상사입니다. 하지만 몇 가지 포인트만 잘 파악하고 있으면 그렇게 어려울 것도 없습니다.

먼저 공적인 부분에서는 일을 열심히 하는 모습을 보이고, 화법에 주의하세요. 여자 상사는 업무에 대한 자존심이 강하기 때문에 업무에 방만한 사람에게는 엄격한 평가를 내립니다. 모르는 것이 있으면 즉각 질문하거나 조언을 구하세요. 이로써 열심히 일하는 자세를 어필하는 겁니다.

만약 업무 문제로 대립했을 때는 직접적으로 항의하거나 반론을 제기하지 마세요. 상사가 자존심에 상처 입지 않도록 부드럽게 표현하는 것이 중요합니다.

사적인 인간관계 면에서는 대부분의 여성들이 선물에 약하다는 점에 착안해 그 점을 활용하세요.

"잡지에 실린 과자가 맛있어 보여서 샀어요."

하면서 과자를 선물하거나, 부모님이 특산물을 보내주셨을 때,

"저 혼자는 다 먹을 수 없어서 가져왔는데, 마음에 드시면 좋겠어요."

라면서 자연스럽게 건네는 겁니다. 또 해외여행 혹은 출장을 다녀왔을 때는 팀원 전체를 위한 선물과 친한 동료의 선물 외에 여자 상사의 것은 반드시 따로 사세요.

이런 사소한 배려는 의외로 큰 효과를 발휘합니다. 덕분에 업무상 소통도 훨씬 잘 이루어질 겁니다.

은근히 험담에 동조하기를
바라는 분위기에서는 어떻게 하나요?

직설적이고 단정적인 말을 삼가고
당신의 생각을 희망적으로 표현하세요.

 험담에 동조할 필요까지는 없다 해도 경우에 따라 동참하지 않으면 다른 사람에게 미움을 사는 상황이 있습니다. 험담하는 것 자체는 싫지만, 나중에 복잡한 인간관계의 소용돌이에 휘말리지 않기 위해 어쩔 수 없이 동조해야 할 때, 가장 좋은 방법은 그 자리 분위기에 찬물을 끼얹지 않으면서 "이러이러 했다면 좋았을 텐데."라는 식으로 당신의 생각을 희망적으로 표현하는 겁니다. 가령 선배에 대한 험담으로 한

껏 달아오른 자리에서는,

"그 선배는 인간성이 좋으니까 말만 조금 더 부드럽게 하면 진짜 최고일 텐데."

회사에 대한 험담으로 달아올랐을 때는,

"회사가 젊은 층을 더 채용하면 분위기가 지금보다 활기찰 텐데."

라는 식으로 말하는 겁니다.

"저 선배는 말투가 너무 거칠어."

"우리 회사는 청년 사원을 채용하지 않아 잘 안 되는 거야."

라는 식의 직설적이고 단정적인 비난보다 훨씬 부드럽고 긍정적인 느낌을 전할 수 있습니다.

상사 험담을 하던 동료가
다음 날 안면을 싹 바꿨습니다

**푸념이나 험담의 유통기한은
그날 잠자리에 들기 전까지입니다.**

 동료에게 상사에 대한 험담을 들은 다음 날 그에게 '당신의 마음을 다 안다'는 듯 동조의 시선을 보낸다거나, "담판을 지어 보라"면서 부추기지 마십시오. 그날 했던 험담이나 푸념은 그 자리에서 듣고 그 자리에서 잊어야 합니다.

 보통 험담을 할 때는 평소 같으면 하지 않을 대담한 발언도 불사하게 마련입니다. 그것을 괜히 기억했다가 아는 척하는 것은 상대에게 폐가 되는 일입니다.

그날 당신이 아무리 맞장구를 잘 쳐주고 호응을 잘해주었더라도 이후의 행동이나 태도로 상대의 마음이 단숨에 차갑게 식어버리거나 돌아설 수 있습니다.

다른 사람의 푸념이나 누군가에 대한 험담을 있는 그대로 수용하면 서로 피곤해집니다. 듣고는 알아서 흘려 넘기는 것이 성숙한 행동이죠.

영업자인데
판매 실적이 저조합니다

<u>조바심을 버리고
고객이 원하는 것에 먼저 귀 기울이세요.</u>

 영업 사원이 강매한다는 느낌을 강하게 풍기면 고객은 곧바로 혐오감을 느낍니다. 그렇다면 고객에게 호감을 얻는 영업자가 되려면 어떻게 해야 할까요.

 가장 중요한 것은 고객의 말을 들어주는 역할을 주로 하는 것입니다. 절대 일방적으로 말하지 마세요. 다시 말해 '물건을 파는 역할'이 아닌 '이야기를 들어주는 역할'을 하세요. 자신이 원하지도 않는 상품에 대한 설명을 듣는 일은 누구에게라도 고통스러운 일입니다. 이야기를 들으면 들을수록 구매욕만 떨어질 뿐입니다. 가장 좋은 방법은 고객이 무엇을 원하고 있는지 먼저 들은 다음 그에 걸맞은 상품을 권하는 것입니다. 그러면 서로서로 불필요한 정신적, 육체적 소모를 방지할 수 있습니다.

설령 일이 잘 성사되지 않았더라도 다음 기회를 기약하며 깔끔하게 물러나세요. 때맞춰 현명하게 물러나면 고객에게 '절대 강매하지 않는 사람'이라는 인상을 줄 수 있고, 그 후 커뮤니케이션도 훨씬 더 순조롭게 진행할 수 있습니다.

이는 상대가 판매 대상 고객이 아닌 비즈니스상 교섭 대상일 경우에도 마찬가지입니다. 대개 조금이라도 자사에 더 좋은 조건을 만들고 싶은 마음에 자칫 자기주장만 강하게 피력하기 쉽습니다. 그러나 비즈니스 교섭을 성공시키려면 상대로부터 신뢰를 얻는 것이 가장 중요합니다. 상대가 마음을 열어주면 교섭이 순조롭게 진행되고 자연스럽게 적절한 타협점을 찾을 수 있습니다.

여기서도 가장 중요한 것은 상대가 하는 이야기를 어쨌든 마지막까지 경청해야 한다는 것입니다. 그러면 상대는 '내가 할 말은 다했다.' 라는 생각에 안심하며, 그 다음 당신이 하는 이야기를 호의적으로 듣게 됩니다. 상대의 말을 도중에 자르거나 불쑥 반대 의견을 말하면 상대가 마음을 닫아걸어 이후 교섭이 성사되기 어렵다는 점을 명심하세요.

비판이나 독설에
즉각 반응해서 손해볼 때가 많습니다

<u>일단 침착한 태도로
최대한 예의를 갖추세요.</u>

어떤 조직이든 당신을 비판하는 사람은 반드시 있습니다. 그때마다 사사건건 반격하면 당신의 이미지만 더 나빠집니다. 상대에게 뭔가에 대해 비판을 받았을 때 주변 사람을 내 편으로 만들고 싶다면 비판한 상대에게 오히려 더 예를 갖춰 말하세요.

만약 당신이 동료로부터 "왜 항상 잔업이야? 일 속도가 너무 더딘 거 아냐?"라는 비난을 받았다고 합시다. '열심히 한다고 하는데 뭘 안다고 참견이야!' 싶

어 속으로 화가 나겠지만, 일단 그 화를 억누르세요. 그런 다음,

"그러게 말이야. 좋은 충고 고마워."

라며 오히려 더욱 예를 갖춰 말하세요.

상대의 비난을 깔끔하게 인정하고 받아들이는 태도를 취함으로써 주변 사람들이 당신에게 호감을 품을 겁니다. 화가 난다고 해서 즉각 반격한다면 '일리 있는 말인데 뭘 그래?' 하며 당신을 흉보는 사람도 생길지 모릅니다. 기본적으로 비판을 받아들일 줄 아는 넓은 도량을 보이는 것이 포인트입니다.

독설을 듣게 되는 경우도 있습니다.

"자네는 기획이라는 걸 모르는 것 같아!"

"대체 아는 게 없어!"

이와 같은 식의 근거 없는 비판, 악의 섞인 말, 날카로운 독설을 던지는 사람이 있죠. 이때는 그의 말을 그대로 되물어보세요.

"모른다니, 무엇을 모른다는 말씀입니까?"

"제가 알지 못하는 건 어떤 건가요?"

라는 식으로 그 독설을 그대로 돌려주는 겁니다. 악의 섞인 비판은 대개 근거가 부족한 경우가 많으므로 논리적으로 접근하는 것이 포인트입니다.

"제 기획을 반대하는 근거를 구체적으로 설명해주십시오. 건설적인 의견이라면 언제든 받아들이겠지만, 그렇지 않다면 저도 수긍할 수 없습니다."

라고 말하면서 그 문제를 그 자리에서 마무리지어버리면 됩니다.

이처럼 침착하게 대처하면 주변 사람들도 당신에게 신뢰감을 가질 겁니다.

기분 좋게 인사했는데 눈총을 받았습니다

눈치코치 없는 인사는
제 무덤을 파는 격입니다.

신입 사원 F씨는 밝은 표정과 큰 소리로 인사하는 것이 몸에 밴 사람입니다. 어느 날, 한 선배가 아침 10시가 넘어 출근을 했고, F씨는 늘 하던 대로 "안녕하세요, 선배님." 하고 인사했습니다. 그리고 딴에는 좀 더 친한 척을 하느라고 "그런데 오늘은 좀 늦으셨네요?"라고 했죠. 순간 선배의 표정은 일그러졌고, 그때부터 F씨는 영문도 모른 채 선배에게 핀잔을 듣는 일이 잦아졌습니다.

자, 이 경우는 '인사한 것이 죄'가 된 경우입니다. 그 선배는 거래처에 먼저 들러 업무를 본 다음 출근했을 수도 있지만, 정말로 지각을 했을 수도 있습니다. 그런데 그렇게 큰 소리로 지각한 사실을 폭로한 셈이 되어버렸으니 미움을 받는 건 어쩌면 당연한 일이지요. 늦은 아침 인사는 '지각이네요.'라는 의미가 깔려 있는 것 같아서 상대가 비꼬듯이 들을 수 있습니다.

"좋은 아침!" 혹은 "좋은 아침입니다!"라고 인사해도 되는 시간은 오전 10시까지입니다. 그 이후 시간에 사무실로 들어온 사람에게는 절대 하지 말아야 할 인사죠. 늦은 이유를 알 수 없을 때는 차라리 모른 척 침묵하든지, 가볍게 눈인사나 목례를 하는 것이 가장 무난합니다.

그럼 이와 관련해 직장 내에서 꼭 알아야 할 인사법을 몇 가지 더 알아볼까요.

① 외근 인사

당신은 물론 동료나 상사가 외근을 나가거나 외근에서 돌아왔을 때도 인사는 기본 예의입니다. 당신이 외근하러 나갈 때는

"다녀오겠습니다."

"다녀왔습니다."

라고 인사합니다. 동료나 상사가 외근하러 나갈 때는,

"다녀오세요."

맞이할 때는,

"다녀오셨어요. 피곤하시죠."

가 적당합니다. 여기에,

"비가 내리니까 운전 조심하세요."

"추우셨죠?"

라는 식의 배려하는 말을 덧붙이면 당신에 대한 호감도는 한층 더 향상될 겁니다.

② 퇴근 인사

회사에서 먼저 퇴근할 때 아무 말도 없이 나가는

것은 금물입니다. 동료들 사이에서 "저 사람은 항상 아무도 몰래 사라지네."라는 뒷담화를 들을 수 있습니다. 따라서 먼저 퇴근할 때는 남아 있는 사람들에게 반드시 인사한 다음 나가세요.

아무리 급한 용무가 있더라도 걸어나가면서 인사하는 것은 좋지 않습니다. '정말 잽싸게 퇴근하는군.' 하며 오히려 나쁜 인상을 남길 수 있습니다.

가장 좋은 방법은 자리에서 일어선 다음,

"먼저 퇴근하겠습니다."

라고 주위 사람들에게 가볍게 인사를 건네는 것입니다. 그렇게 하면 회사 문을 나선 다음에도 뒤가 찝찝한 일은 없을 겁니다.

③ 결근한 이유에 대한 설명

지각했을 때는,

"늦어서 죄송합니다."

조퇴할 때는,

"죄송하지만 먼저 퇴근하겠습니다."

라고 인사하는 것이 상식입니다. 마찬가지로 결근한 다음 날 결근 사유에 대해 설명하는 것도 필수입니다. '독감이 심했으니 어쩔 수 없잖아.' 라든가 '부모님이 쓰러지셨는데 그럼 당연히 결근할 수밖에.' 라는 식의 태도를 보이면, 당신이 결근한 사이 당신의 일을 대신 해준 동료들에게 반감을 사게 됩니다.

"어젠 갑자기 회사에 못 나오게 됐어. 미안해. 나 때문에 어제 고생 많았지? 고마워."

이런 감사 인사 한마디만으로도 당신은 좋은 사람, 예의 바른 사람이 됩니다.

④ 길에서 앞질러가야 할 때

가령 회사에서 지하철역으로 향하는 도중 선배가 앞서 걷고 있다고 합시다. 당신은 약속시간에 늦었고, 그래서 선배를 앞질러 가야 한다면 어떻게 하겠습니까? '아, 귀찮아. 무시해.' 하며 아무 말도 없이 추월해버리는 것은 최악의 대처법입니다. 만약 당신이 앞질러가는 모습을 본 선배가 당신을 불러 세운다면 어떻게 하겠습니까?

"죄송합니다. 선배님인 줄 몰랐습니다."

라고 변명한다고요? 이것 역시 최악입니다.

이럴 때는 다가가 "안녕하세요." 하고 인사를 먼저 한 다음,

"죄송해요, 선배님. 급한 일이 생겨서요. 저 먼저 가보겠습니다."

라며 웃는 얼굴로 말하고 나서 앞질러 가는 것이 지혜롭습니다. 이 정도 태도라면 상대도 기분 좋게 당신을 보내줄 것이며, 당신에 대한 평가도 물론 좋아질 것입니다.

전화 통화할 때마다 오해를 삽니다

<u>기본적인 전화 예절을 습관화하세요.</u>

전화라는 것은 상대가 어떤 상황에 있든 상관없이 그 사람의 생활 속으로 불쑥 끼어드는 통신수단입니다. 따라서 직접 만나 이야기를 나눌 때보다 훨씬 더 많이 조심하고 배려해야 하죠. 반드시 유념해야 할 것들을 살펴보겠습니다.

① 밝은 목소리로 말한다

수화기 너머로 상대에게 '느낌이 좋은 사람이구나.' 라는 인상을 주기 위해서는 말씨가 중요합니다.

그리고 그것만큼이나 목소리도 중요합니다. 일부러 애교 섞인 목소리로 말하라는 것이 아닙니다. 목소리는 비록 타고나는 것이지만, 더 좋은 느낌으로 말할 수 있는 방법을 활용하라는 것입니다.

가장 기본적인 방법은 입 꼬리, 즉 입 양쪽 가장자리 부분을 올려서 말하는 겁니다. 입 양끝을 힘 있게 들어올리는 느낌으로 말하는 것만으로도 목소리가 밝게 나옵니다.

전화로는 얼굴 표정이나 태도가 보이지 않으니 좋은 느낌을 주는 목소리로 '신뢰할 수 있는 사람'이 되어보세요.

② 상대가 통화 가능한 상황인지부터 먼저 묻는다

전화를 걸기 전에는 대부분 '전화를 받으면 이 말도 하고, 저 말도 해야지…….' 하고 머릿속이 자신의 용건으로 꽉 차있는 경우가 많습니다. 그래서 상대가 전화를 받는 순간 인사도 대충 하고 "어제의 용건으로 전화했는데요."라는 식으로 이야기를 시작하기 십상이죠. 이는 아주 매너 없는 행동입니다. 상대는 외출하기 직전이었을지도 모르고, 회의 중이었을지도 모르는데 말입니다. 타이밍 하나만 잘못 맞춰도 상대에게 미움을 사는데, 하물며 일방적으로 말을 시작하기까지 한다면 상대가 당신을 어떻게 생각하겠습니까.

그러니 상대가 전화를 받으면,

"지금 통화해도 괜찮습니까?"

라고 상대의 상황을 먼저 물으세요. 이 한마디로 상대의 반응은 크게 달라질 겁니다.

③ 어떤 상황에서도 목소리 톤을 높이지 않는다

상대의 목소리가 잘 안 들릴 때가 간혹 있습니다. 그렇다 하더라도 절대,

"네? 뭐라고요? 다시 한 번 말씀해주세요."

라고 말하지 마세요. 무례하다는 느낌을 받은 상대는,

"그러니까, 제 말은~"

"같은 말을 몇 번이나 되풀이해야 합니까!"
하며 화를 낼 수도 있습니다.

상대의 감정을 상하게 하지 않으면서 되물어야 할 때는 전화기를 탓하세요.

"죄송합니다. 전화 감도가 좀 먼 것 같네요."

정중한 말투로 이렇게 말하면 상대도 기분 상하는 일 없이 다시 한 번 반복해서 말할 겁니다.

④ 메모지와 필기도구를 미리 챙겨둔다

비즈니스를 할 때 준비성 있는 행동은 호감을 높이는 중요한 키워드 중 하나입니다. 무엇을 하든 느릿느릿 행동하거나 꾸물거린다면 상대에게 결코 좋은 인상을 줄 수 없습니다.

전화 통화를 할 때도 마찬가지입니다. 전화기 옆에 메모지와 필기도구를 항상 준비해두세요. 그러면 메모할 상황이 되었을 때 "잠깐만 기다려주세요. 메모지 좀 가져올게요."라는 말을 할 필요도, 그로 인해 상대를 기다리게 할 일도 없습니다.

전화를 걸기 전에 미리 용건을 정리해두고, 통화할 때는 메모를 보면서 하는 습관도 필요합니다. 나중에 '아뿔싸, 그 말을 잊어버렸네.' 하는 일 없이 안정되게 용건을 전할 수 있습니다.

이 같은 작은 준비 태도로 '일 잘하는 사람'이라는 인상을 줄 수 있습니다.

⑤ 전화는 기분 좋게 끊는다

그전까지 전화 응대를 아무리 잘했고 통화 내내 분위기가 좋았더라도 전화 끊을 때의 에티켓을 지키지 않으면 모두 물거품이 됩니다. 절대로 먼저 끊거나 갑자기 툭 하고 큰 소리를 내며 끊지 마세요.

전화를 끊을 때는 기본적으로 걸어온 쪽이 먼저 끊도록 합니다. 윗사람과의 통화에서는 당연히 그가 먼저 끊을 때까지 기다리는 것이 예의죠. 그런데 상대가 당신이 먼저 전화 끊기를 기다리고 있는 것 같을 때는 약간 틈을 준 다음 천천히 조용하게 당신이 먼저 끊으면 됩니다.

또 다른 팁으로, 이야기가 15분 이상 진행되었을 때는 끊기 직전에,

"통화를 너무 오래 해서 폐가 되지 않았나 모르겠습니다."

라고 한마디 덧붙이세요. 예의 바르고 배려할 줄 아는 사람이 되어 당신에 대한 호감도가 더욱더 높아질 겁니다.

⑥ 시간을 가려서 전화한다

회사에 따라 다를 수도 있지만, 대개는 낮 12시부터 1시까지가 점심시간입니다. '드디어 점심시간이다!' 하며 즐거워하고 있는데 별안간 전화해서 업무와 관련된 용건을 말한다면 전화받는 사람은 내심 화가 날 겁니다. 퇴근시간이 다 돼갈 때나 퇴근 후에 전화하는 것도 물론 좋지 않습니다.

사적인 관계에서 전화를 걸 때도 마찬가지입니다. 아침이나 저녁 식사시간대 그리고 밤 10시 이후에는 전화를 걸지 않는 것이 예의죠. 어쩔 수 없이 연락을

해야만 할 때는,

"혹시 식사 중이지는 않으셨습니까?"

"불편한 시간에 전화드린 것은 아닌지요?"

라며 정중하게 묻거나,

"밤늦게 죄송합니다."

하고 상대의 여가시간을 방해한 데 대한 미안함과 배려를 표하는 말을 꼭 해야 합니다.

⑦ 필수 기재 항목에 유념하여 전화 메모를 작성한다

당신이 회의나 미팅 때문에 잠시 자리를 비우고 돌아왔을 때 책상 위에 'K씨에게 전화왔음.' 이라는 메모가 놓여 있다면 어떻겠습니까? 아마 매우 당황스러울 겁니다. K씨가 어떤 K씨인지, 어떤 용건으로 언제 걸려온 전화인지, 내가 먼저 전화를 걸어야 하는지, 상대가 다시 걸어오기를 기다려야 하는지, 무엇보다 이 메모는 누가 남긴 것인지 등등 물음표 투성이가 될 테니까요. 상당히 불친절한 메모인 셈입니다.

전화 메모를 전할 때는 몇 가지 필수 요소가 있습니다. 전화 건 상대의 이름과 회사명, 전하는 내용, 전화받은 날짜와 시간, 전화받은 사람의 이름 그리고 메모 받을 사람의 이름을 정확히 써서 책상 위에 놓아두어야 합니다.

전화 메모를 항상 정확하게 쓰는 것만 몸에 배어도 당신에 대한 평가는 한층 더 높아질 겁니다.

⑧ 대화 중인 사람에게 급한 전화를 연결할 때는 반드시 사과의 말을 먼저 한다

고객을 접대 중인 상사에게 걸려온 전화를 당신이 받았고, 상대가 상사와 급히 통화하기를 원한다면 어떻게 하겠습니까? 설마 수화기를 잠시 내려놓고 상사에게 가서 다짜고짜 "×× 씨에게 전화왔습니다." 하며 대화 중간에 끼어들지는 않겠지요. 이는 상사를 당황하게 만들 뿐 아니라 상대 고객을 매우 불쾌하게 만드는 실례되는 행동입니다. 이런 상황에서는 당연히,

"말씀 중에 죄송합니다만,"

하고 사과의 말을 먼저 전한 다음, 전화 내용을 보고하는 것이 중요합니다. 이때 포인트는 죄송하다는 말을 상사에게 하는 것이 아니라 고객에게 해야 한다는 겁니다. 고객은 당신에게 호감을 느낌과 동시에 회사 이미지까지 좋게 받아들일 겁니다. 상사 역시 당신을 센스 있는 직원이라고 생각하며 눈여겨봐 둘 테고요.

회식 자리에서 인기인이 되는 비결
호감가는 사람이 놀기도 잘논다

1 술안주거리가 된 사람을 두둔한다

술자리에서는 항상 도마에 오르는 사람이 정해져 있다. 조롱거리가 되기 쉬운 사람이 있는 것이다. 그 자리에서는 당사자도 아무렇지 않은 얼굴로 함께 웃고, 주위 사람들도 별로 신경 쓰지 않는다. 그러나 누구에게나 자존심은 있다. 사실 그는 웃는 얼굴 뒤에 깊은 상처를 숨기고 있을지 모른다. 그러니 누군가가 술안주거리로 도마에 오른다면 재빨리,

"그렇지 않아요, ○○ 씨. 저도 같은 실수를 한 적이 있어요."

라는 식으로 자연스럽게 두둔하는 말을 하자. 술안주거리가 된 당사자는 물론이고 그 자리에 있던 많은 사람이 당신의 사려 깊음을 알아볼 것이다.

2 때로는 자진해서 웃음거리가 된다

'웃음거리'라는 말에는 부정적인 어감이 있지만 꼭 그렇지만은 않다. 미국과 유럽에서는 '피에로'가 최고의 지식층으로 존경받는다. 스스로 웃음거리가 되고, 그로 인해 그 자리를 부드럽게 만드는 것은 현명한 사람이 아니면 할 수 없는 일이기 때문이다.

회식 자리에서는 체면을 차리고 있어봤자 별 이득이 없다. 때로는 피에로가 되어 바보 흉내를 낸다거나 대중의 웃음을 유발하는 것이 당신의 인상을 강하게 심을 수 있는 하나의 방법이다.

단, 분위기에 너무 취해서 도를 넘어서거나 어리석은 행동을 하면 오히려 주위 사람에게 빈축을 살 수 있다. 자리가 무르익었을 즈음에는 일단 뒤로 물러나자. 모두의 마음에 '밝고 명랑한 사람'이라는 긍정적인 이미지만 남길 수 있도록 말이다.

3 험담에 끼어들지 않는다

어디에나 다른 사람에 대한 소문이나 험담을 이야기하는 것을 즐기는 사람이 있다. 그리고 그런 말은 언제나 당사자가 없는 자리에서 오간다. 그 분위기에 휩쓸려 자기도 모르게 말을 거드는 것은 금물이다. 어느 틈엔가 당신이 솔선해서 험담을 하게 되거나, 우연히 화제 당사자를 아는 사람이 그 자리에서 그 말을 듣고 있을 수 있다. 누군가가 그런 말을 할 때는,
"그럴 리가요."
"그렇게는 보이지 않던데요."
라는 식으로 험담의 주인공을 부드럽게 변호하는 것이 현명하다.

4 회식 자리의 보호자 역할을 맡는다

술이 들어가면 누구나 배려가 부족해진다. 그러나 모두 즐기기만 한다면 회식은 원만하게 진행되지 못한다. 술을 추가하거나 빈 잔에 술을 따르거나 사교가 서툰 사람에게 말을 거는 등 뒤치다꺼리를 해줄 사람도 필요하다.

따라서 이때 잔심부름 등 귀찮은 일을 도맡아 하는 것도 호감을 얻는 좋은 방법이다. 단, 독선적으로 '이것 보라'는 듯이 뽐내는 것은 오히려 그 자리의 흥을 깨고 만다. 기분 좋게 취해서 즐겁게 솔선하고 있다는 모습을 보이는 것이 포인트다. 그 자리에 있는 다른 사람들은 당신의 그런 모습을 보고 분명 좋은 인상을 마음에 담아둘 것이며, 당신은 '주변 사람을 배려하면서 자신도 즐길 줄 아는 멋진 사람'으로 평가받을 것이다.

또 술자리가 끝나갈 때가 되면 술이 너무 취해 정신을 못 차리는 사람도 있고, 화장실에 가서 나오지 않는 사람도 더러 있다. 술 취한 사람을 돌봐야 하는 것만큼 귀찮은 일도 없지만, 그럴 때야말로 좋은 사람임을 어필할 수 있는 좋은 기회다. 당신이 솔선해서 그들을 맡으면 다른 사람들은 안심하고 먼저 돌아갈 수 있다. 그러한 행동은 모두에게 고마운 일이다. 게다가 당신이 굳이 주장하지 않아도 훗날 누군가가 "지난 번 회식 때 당신을 집에 안전하게 돌아갈 수 있게 해준 사람이 ○○ 씨다."라는 말을 해줄 것이다. 그 말을 들은 당사자는 당신의 친절을 두고두고 잊을 수 없을 것이다. 회식 자리에서의 보호자 역할은 한 번에 많은 사람의 호감을 살 수 있는 아주 좋은 기회인 셈이다.

5 말을 많이 할 필요는 없다

언변이 부족해서 파티처럼 사람이 많이 모이는 자리가 영 불편한 사람이 있다. 이런 사람은 옆 자리에 앉은 사람을 집중 공략한다. 그 사람의 전담 도우미가 되어 요리와 음료를 공수해주는 것이다. 특히 술 접대는 좋은 사람임을 어필할 수 있는 절호의 기회다. 당신이 이야기를 많이 할 필요는 없다. 인간은 자신의 이야기를 열심히 들어주는 사람에게 더 호감을 갖는다. 맞장구를 치고, 때때로 질문을 하면

서 상대의 이야기를 흥미롭게 들어주는 것만으로도 충분하다. 만약 그 사람이 당신에게 어떤 의견을 구하면,
"제 표현이 어떨지 모르겠습니다만, 저는 이렇게 생각합니다."
라며 당신의 생각을 솔직하게 말하면 된다. 그리고 헤어질 때는,
"오늘 좋은 이야기를 많이 들어서 참 좋았습니다."
라고 인사하자. 당신은 많은 사람 속에서 불편한 상황을 피할 수 있고, 누군가에게 좋은 인상을 남길 수도 있다.

부록

그밖에 상황별 호감을 얻는 기술

집으로 초대받았을 때

① 가족 모두에게 환영받을 선물을 고른다

누군가의 집을 방문하게 되었을 때 가져갈 선물을 고를라 치면, '남편은 술을 좋아하지만 부인은 마시지 않는다. 음식을 사가자니 상할까 걱정이고……' 라는 식의 여러 가지 고민이 생기게 마련이다.

이럴 때는 과감하게 가족 전원에게 각기 다른 선물을 하는 것도 좋은 아이디어다. 남편에게는 와인, 아내에게는 허브티, 아이들에게는 예쁜 수입 문구류……. 하나하나는 비싼 것이 아니더라도 산타클로스처럼 선물을 많이 가져가면 가족 모두에게 환영받을 것이다.

② 감사 인사는 다음 만남에서 한 번 더 한다

"오늘 음식은 정말 다 맛있었습니다. 감사합니다."

"멋진 선물을 주셔서 감사합니다. 소중히 쓰겠습니다."

이렇게 눈을 반짝이며 감사 인사를 한다면 상대는 몹시

기분 좋을 것이다.

그런데 문제는 그 만남 이후다. 두 번째 만났을 때 완전히 잊어버린 듯 모른 척하는 얼굴을 보이면 상대는 '그때는 그냥 겉치레로 인사한 거군.' 하며 당신의 당시 진심을 의심할지도 모른다. 따라서 인사는 두 번째가 더 중요하다.

"그날은 정말 맛있게 먹었습니다."

"저번에 선물로 주신 식기는 아껴가며 잘 쓰고 있습니다."

이런 식으로 시간이 어느 정도 흘러 다시 만났을 때 두 번째 인사말을 건네는 것이다. 다시 만나기까지 기간이 꽤 길다면 이메일을 보내는 것도 좋다. 마음이 담긴 느낌이 들어서 상대는 당신에 대해 더욱 좋은 인상을 갖게 될 것이다.

손님을
접대할 때

① 초대 손님을 위한 선물을 준비한다

초대받았을 때 방문 선물을 챙기는 것은 기본적이고 상식적인 매너라고 알고 있지만, 손님을 초대한 쪽에서도 선물을 준비하는 것이 좋다는 사실을 아는 사람은 그리 많지 않다. 그런데 생각해보라. 일부러 나를 찾아와준 손님에게 감사의 마음을 전하고자 선물을 준비하는 마음이라면 누구에게나 호감을 얻지 않겠는가.

단, 너무 큰 선물은 오히려 폐가 된다. 직접 만든 피클이나 잼 등을 예쁜 병에 보기 좋게 담아 건네는 정도가 무난하다.

② 상대의 관심사를 기억해둔다

무심코 대화에 등장한 상대의 요즘 최대 관심사들을 기억해두었다가 거기에 도움되는 것을 발견하면 도움의 손길을 내밀어보라. 예를 들면 이런 식이다.

"이 신문기사가 자네 일에 도움이 될 것 같아 스크랩해 두었어."

"요즘 검은콩 요리에 관심이 많다고 했지? 우리 집 책장을 정리하다 보니 관련 레시피가 담긴 책이 있더라고. 그래서 가져왔어."

상대는 '나한테 이렇게까지 관심을 가져주다니…….' 하면서 기뻐할 것이다.

단, 다른 속내가 있는 듯 너무 작위적인 느낌을 풍겨서는 안 되고, 아무렇지 않은 듯 자연스럽게 관심을 보여야 한다.

③ 매순간 접대 대상을 우선시한다

흔히 자신이 평소 자주 가는 식당에서 손님을 접대하면 여러 가지로 좋다고 생각한다. 하지만 여기에는 함정이 있다.

먼저 식당 주인이 단골인 당신을 더 우대할 우려가 있다. 아니면 당신이 자기도 모르게 단골 고객 행세를 하며 가게 주인과 친밀하게 대화를 나눌 수도 있다. 어떤 경우든 접대받는 쪽에서는 소외감을 느끼고 불쾌해진다. 당연히 당신의 이미지도 급격히 나빠진다.

단골 식당에서 누군가를 접대할 때는 가게 측에 사정을 미리 설명해두는 것이 좋다. 그리고 접대 대상이 된 사람에게 '이 접대 자리의 주인공은 어디까지나 당신'이라는 점을 인식시켜준다. 매순간 상대를 최우선으로 대하는 것이다. 가게에 들어갈 때도 접대 손님 먼저, 앉을 때도 물론 접대 손님이 먼저다. 그를 상좌에 앉게 하고, 서비스도 언제나 그가 먼저 받게 한다.

접대의 관건은 '상대가 얼마나 기분 좋은 시간을 보내도록 하는가' 라는 것을 명심한다.

④ 때로는 자진해서 먼저 한턱낸다

음식값을 나눠 내면 서로 부담이 없어 편하고 좋다지만, 여기에는 큰 결점도 있다. 음식값을 나눠 내는 관계는 서로 간 마음의 고리가 약할 뿐 아니라, 일부러 시간 내어 식사를 함께하는 의미도 퇴색되어 결국 기억에 남는 만남이 되지 못한다.

상대의 마음을 단단히 잡고 싶다면 때로는 기꺼이 먼저 한턱내는 것도 필요하다. 물론 뭔가를 바라는 마음으로 한턱내는 것은 좋지 않지만, 친밀감과 감사의 표시로 내는 한턱은 그 마음이 상대에게 고스란히 전달된다.

"일부러 먼 길까지 와주셔서……"

"이곳은 제가 자주 오는 단골 식당이라서……"

"생각지 못한 수입이 생겨서……"

이런 식으로 상대가 자연스럽게 수용할 수 있는 이유를 대는 배려도 잊지 않는다. 그러면 상대는 '참 세심한 사람이구나.'라고 생각하며 당신을 아주 기분 좋은 사람으로 기억할 것이다.

⑤ 헤어지는 마지막 순간까지 인사의 예를 다한다

헤어지는 순간도 무척 중요하다. '아, 드디어 끝났다.'하고 안도하기 쉬운데, 바로 이런 순간에 스스로 눈치 채지 못하는 결정적인 실수를 할 수도 있다.

접대 손님을 배웅할 때는 그가 탄 차가 출발함과 동시에 가볍게 고개를 숙여 인사한다. 그리고 차가 보이지 않을 때까지 지켜본다. 상대가 차 안에서 뒤돌아보았을 때 자신을 끝까지 배웅해주는 당신의 모습을 발견하면 분명 고마워하며 당신을 좋은 사람이라고 여길 것이다.

여럿이 함께
식사할 때

심리학 실험 결과에 의하면, 인간은 식사 자리에서 상대를 호의적으로 보는 경향이 있다고 한다. 여기에는 두 가지 이유가 있다. 하나는 식사 중에는 긴장감과 경계심이 약해져서 상대가 하는 말을 진심으로 경청하게 되기 때문이고, 다른 하나는 맛있는 음식을 먹으면서 생리적 쾌감을 느껴 마음을 넓게 가질 수 있기 때문이다. 공복 상태일 때보다 상대의 말과 행동을 더욱 호의적으로 해석하기 쉬운 것이다. 인간관계에 있어 이와 같은 '식사효과'를 이용하면 큰 도움이 된다.

단, 식사 자리에서 당신이 좋은 사람임을 어필하려면 기본적인 매너를 먼저 갖춰야 한다. 그 항목을 몇 가지 살펴보자.

① 나쁜 식사 습관이 없는지 체크한다

식사 매너를 지키는 것은 매우 중요하다. 아무리 성격 좋은 사람이라도 식사할 때 다음과 같은 모습을 보인다면, 다른 사람들에게 불쾌감과 혐오감을 주니 반드시 고쳐야 한다.

- 음식을 뒤적거리며 먹기 좋은 것만 골라 먹는다.
- 자신이 좋아하는 음식만 집중적으로 먹는다.
- 쩝쩝 소리 내면서 먹는다.
- 얼굴을 식기에 가까이 대고 게걸스럽게 먹는다.
- 입에 음식을 하나 가득 넣은 채 말한다.
- 먹으면서 트림한다.
- 조용한 식당에서 주위 손님들이 다 들을 만큼 큰 소리로 떠든다.
- 동석자에게 양해를 구하지 않고 담배를 피운다.

② 수저 사용법에서 품격이 드러난다

다음에 제시한 수저 사용은 매우 저급한 행동이다. 상대에게 생리적인 혐오감마저 줄 수 있으니 절대 하지 말아야 한다. 특히 젓가락질은 어릴 때 배우는 것인 만큼 가정교육을 비난받을 수 있다. 각별히 더 주의한다.

- 수저로 물건이나 사람을 가리키거나 수저를 이리저리 흔들면서 먹는다.
- 아무것도 집지 않은 상태에서 수저를 입에 넣는다.
- 수저에 붙은 밥알을 혀로 핥는다.
- 수저로 냄비 밑을 휘저으면서 좋아하는 것만 골라 먹는다.
- "뭘 먹지?" 하면서 젓가락을 들고 이 접시에서 저 접시로 옮겨다니며 음식을 집었다 놓았다 한다.
- 수저로 반찬 그릇을 끌어당긴다.
- 찌개 속 건더기를 젓가락으로 찍어 먹는다.

③ 찌개류를 먹을 때는 다른 사람들을 배려한다

추운 계절의 연회에는 찌개나 전골요리가 나온다. 덜어 먹는 방법은 이렇다. 먼저, 덜어낼 것을 정한 다음 젓가락을 가져간다. 이때 이것을 집을까 저것을 집을까 망설이지 않도록 한다. 또 음식을 앞접시에 산더미처럼 덜어낸다거나 인원수대로 마련된 음식을 아무 생각 없이 너무 많이 집는 것도 금물이다. 여러 종류의 재료를 균형 있게 선택하고 그릇의 절반까지만 담는 것이 좋다.

더 중요한 것은 다른 사람에 대한 배려. 냄비에 손이 닿지 않는 사람을 위해 음식을 대신 집어준다거나 그 사람의 분량만큼 덜어주자. 단, 허락도 없이 마음대로 덜어주는 것은 곤란하다. 먹는 속도에는 개인차가 있으므로,

"덜어 드릴까요?"

라고 먼저 묻고 나서 행동한다.

④ 음식 맛을 평가하지 않는다

음식을 좋아하는 사람이 저지르기 쉬운 실수 중 하나는 식당에서 음식을 평가하는 것이다.

"닭고기는 프랑스의 ○○산이 최상이야."

"이 오리 고기는 너무 익혔어."

이렇게 음식의 맛을 평가하면서 연이어 불평하거나, 음식을 주문할 때 요리전문가들이 쓰는 표현을 사용하면, 상대는 '아니꼽다.', '계속 음식 얘기만 하니 함께 식사하는 것이 전혀 즐겁지 않다.' 라고 생각할 수 있다.

만약 사람들 앞에서 음식전문가인 것처럼 우쭐댄다거나 알고 있는 지식을 자랑하길 좋아하는 습관이 있다면 지금 바로 고치자.

고급 레스토랑에 갔을 때

① 12세 이하의 아이는 데려가지 않는다

부모나 조부모에게 자녀나 손주가 사랑스러운 것은 당연하다. 그러나 타인에게는 그저 시끄럽고 방해되는 존재가 되기도 한다. 이런 점을 감안하여 서양 여러 나라의 고급 레스토랑에는 '12세 이하의 아동은 입장 금지' 인 곳이 많다.

우리나라는 어린아이에게 관대하기 때문에 출입을 금하는 식당은 별로 없다. 하지만 다른 손님에게 폐가 되는 경우가 많기 때문에 드러나지 않게 어린아이의 입장을 환영하지 않는 것도 사실이다. 그러니 고급 레스토랑에는 가급적 12세 이하의 아이는 데려가지 않는 것이 좋다.

② 큰 소리로 종업원을 부르지 않는다

고급 레스토랑의 종업원들은 자신이 일류 식당에서 일

한다는 자긍심을 갖고 있다. 그런 그들에게 "어이, 웨이터!"라든가 "이봐, 아가씨!"라는 식으로 무시하듯 부르면 반감을 사기 딱 좋다. "저, 여기요~!"라고 큰 소리로 부르는 것도 금물이며, 한창 접객 중인 종업원을 향해 "여기도 주문이요!" 하며 중간에 끼어드는 것도 좋지 않다. 그런 행동 하나로 당신은 일순간 '품위 없는 사람'이 된다.

종업원을 부를 때는 시선을 맞추고 눈으로 신호한다. 고급 레스토랑의 종업원은 대부분 손님의 시선을 항상 주의 깊게 신경 쓰므로 눈이 마주칠 때까지는 그리 오랜 시간이 걸리지 않을 것이다.

종업원이 바로 옆에 다가오면 조용히 용건을 말한다. 이때 종업원의 명찰을 확인하고, 명찰이 없으면 "실례지만, 성함이?"라고 묻는다. 그리고 그 다음부터는 "○○○ 씨" 하며 이름을 부른다. 당신은 '겸손하고 점잖은 고객'으로 평가받으며 한결 나은 서비스를 받게 될 것이다.

③ 종업원에게도 경어를 사용한다

종업원에게 서비스를 부탁할 때 명령조나 반말을 사용하는 것은 금물이다. "어이, 물!"이라든가 "음식은 아직

멀었나? 빨리 줘!"와 같은 말투는 최악이다.

"물 한 잔 부탁합니다."

"시간이 없어서 그러는데 조금만 서둘러주시면 안 될까요?"

"주문한 음식이 언제쯤 나오는지 한 번만 더 주방에 알아봐주세요."

이렇게 종업원에게 서비스를 '부탁' 하는 자세를 보이는 것이 좋다. 당신의 매너 있는 태도에 종업원은 설령 당신이 다소 무리한 부탁을 하더라도 흔쾌히 응해줄 것이고, 함께 자리한 사람도 당신에게 호감을 가질 것이다.

④ 종업원에게 "고맙다"는 말을 잊지 않는다

종업원에게 서비스를 받으면 곧바로 "감사합니다."라고 인사하자. 상대의 수고에 말로 직접 보답하는 것이 중요하다. 말없이 고개만 까딱하는 태도는 좋지 않다. '나는 손님이니까 서비스 받는 게 당연하다.'라는 식의 거만한 태도로 비춰진다.

그렇다고 "정말 고맙습니다."라고 너무 정중하게 인사하는 것도 NG다. 식당의 품격에 기가 눌린 사람, 즉 '이 장소에 어울리지 않는 손님'으로 무시당할 수 있다.
 가장 좋은 자세는 웃는 얼굴로 가볍게 "고맙습니다."라고 인사하는 것이다. 종업원은 전혀 어색하거나 부자연스럽지 않은 태도를 보이며 품격까지 갖춘 당신에게 최고의 서비스를 제공할 것이다.

결혼식장에 갔을 때

① 축의금은 미리 전한다

결혼 축의금은 보통 결혼식장 앞에 설치된 접수처에 건네는 것이 관례지만, 본래는 그렇지 않다. 장례식의 경우는 갑작스럽게 일어나는 일이기 때문에 장례식 당일이라도 상관없지만, 결혼은 미리 알고 있는 일이므로 결혼식 초대를 받음과 동시에 축의금을 전달하는 것이 좋다. 상대도 돈이 미리 들어오면 그 돈으로 결혼 비용을 충당할 수 있어 유용하다. 결혼식 당일에 돈이 많이 들어와 마음이 불안할 일도 없다.

적어도 식이 열리기 일주일 전까지 축의금 봉투에,

'결혼을 축하합니다. 언제나 행복하시길 빕니다.'

라는 글귀를 적어 건넨다면, 받는 사람은 당신의 센스에 탄복하며 더 고맙게 여길 것이다.

요즘은 상대의 계좌로 축의금을 송금하는 경우도 흔하

다. 직접 건네는 것이 가장 좋지만, 부득이한 사정이라면 축의금만 보내지 말고 축하 메시지를 꼭 함께 전하자.

② 도착하자마자 신랑, 신부의 부모님께 인사한다

결혼식장을 찾았을 때 신부나 신랑 대기실에 불쑥 들어가 "와~ 축하해!"라며 말을 걸거나, 큰 소리로 수다스럽게 떠드는 것은 예의에 어긋난다.

식장에 가면 제일 먼저 신랑, 신부 부모님께,

"축하드립니다. 저는 신부 친구 ○○○입니다."

라고 인사한다. 그런 다음 조용히 대기실에 가서 신랑, 신부에게 축하의 말을 전한다. 이때 너무 허물없는 인사는 금물이다. 결혼식은 특별한 날이므로 상대가 아무리 친한 사이라도 예를 갖춘다.

"두 분의 결혼을 진심으로 축하합니다. 평생 서로 사랑하고 행복하게 살기를 바랍니다."

이 같은 축하 인사를 진심 어린 말투로 전한다. 신랑, 신부에게 따뜻한 느낌으로 기억될 것이다.

③ 피로연 테이블에 자연스럽게 동석한다

피로연 자리는 대부분 한 테이블에 6~7명 정도가 앉도록 되어 있다. 모르는 사람과 동석하는 경우가 많기 때문에 인간관계의 폭을 넓힐 수 있는 절호의 기회다.

승부는 최초의 1분에 달려 있다. 초대 손님들은 모두 '어떤 사람과 한 테이블에 앉게 될까?'라는 생각으로 모이기 때문에 어쨌거나 첫인상이 중요하다.

일단 자리에 앉기 전에는 동석한 전원에게,

"실례합니다."

라고 웃으면서 인사한다. 그리고 앉으면 곧바로 자기소개를 시작한다. 타이밍을 노리며 머뭇거리다가 피로연이 시작되면 당신을 소개할 기회를 놓친다.

"저는 ○○○입니다. 잘 부탁드립니다."

라고 웃으며 말하고, 다시 머리 숙여 인사한다. 그런 다음 신랑 또는 신부와의 관계 등을 이야기하면 다른 사람들도 자연스럽게 자기소개를 할 수 있다.

단, 이 자리에서는 술을 너무 마시지 않도록 주의하고, 조용히 환담을 나눈다.

④ 피로연 중 축하 멘트는 좋은 말만 짧게 한다

피로연은 양친과 친족, 회사 동료 등 다양한 입장의 사람들이 자리하는 장소다. 그런 만큼 재미있고 임팩트가 있다고 해서 다 좋은 축하 멘트는 아니다.

가장 중요한 것은 너무 길게 하지 않을 것. 3분 이내, 즉 200자 원고지 4장 정도 분량이 적당하며, 내용은 신랑이나 신부의 성격과 관련된 재미있는 일화가 좋다. 그들을 소개하는 광고의 카피를 만드는 느낌으로 좋은 일만 이야기하는 것이 기본이다. 그들의 좋지 않은 과거를 폭로한다거나 단점을 말하는 것은 최악이다. 또 어떤 관계의 사람이 출석했는지 모르기 때문에 업무 이야기도 피하는 것이 좋다.

또 한 가지 중요한 것이 있다. 재혼일 경우에는 원칙적으로 재혼을 언급하는 말이나 재혼을 연상시키는 말을 하지 말아야 한다.

⑤ 결혼기념일을 기억해둔다

결혼식에는 참석했어도 결혼기념일을 축하해주는 사람은 드물다. 수첩에 메모해두었다가 매년 가볍게 선물을 한다면 상대는 분명 크게 감동받을 것이다.

선물은 오래 사용할 수 있으면서 볼 때마다 기억할 수 있는 선물이 가장 좋고, 꽃다발에 축하 메시지 카드를 곁들이는 것도 좋다. 시간이 흘러 결혼한 지 특정한 주년이 되었을 때는 결혼기념일 명칭에 해당하는 선물을 하는 것도 센스 있는 행동이다. 예를 들면, 결혼 4주년인 혁혼식(革婚式)에는 가죽 벨트나 가방을, 7주년인 화혼식(花婚式)에는 꽃다발을, 15주년인 동혼식(銅婚式)에는 구리 제품의 식기 또는 크리스털 유리잔을 선물하는 식이다.

지은이 석세스라이프

다양한 분야에서 성공한 사람들의 성공 비결과 공통점을 연구하고, 그 성과를 더 많은 사람들과 공유하기 위해 결성된 그룹이다. 커뮤니케이션, 인간관계, 리더십, 자기계발 등의 성공 키워드를 중심으로 일반 사람들이 좀 더 쉽고 **빠르게** 각자의 목표를 달성하고 성공에 이를 수 있도록 돕는다. 석세스라이프의 특이점은 성공을 위해 필요한 노하우들을 단순히 이론적으로만 접근하지 않는다는 것이다. 우리 각자가 알지 못하는 내면 깊숙한 곳의 심리를 함께 연구함으로써 고단한 현대인들의 마음에 꿈과 희망을 심어주어 마침내 '행복한 성공'을 이룰 수 있도록 안내한다. 이 같은 노하우를 담은 저서로 《3분 안에 상대를 내 뜻대로 움직이는 설득기술》이 있다.

1분 안에 호감을 얻는 대화법

1판 1쇄 인쇄 | 2012년 5월 10일
　8쇄 발행 | 2018년 8월 1일

지은이 | 석세스라이프
펴낸이 | 이종근
기획 | 석세스라이프
편집 | 임경단
디자인 | 호기심고양이
마케팅 | 황호진 · 정윤주

펴낸곳 | 나라원
등록 | 1988. 4. 25(제300-1988-64호)
주소 | 서울 종로구 종로53길 27 나라원빌딩 (우 03105)
전화 | 대표 02)744-8411 팩스 | 745-4399
홈페이지 | www.narawon.co.kr 이메일 | narawon@narawon.co.kr
ISBN 978-89-7034-219-1 13320

· 잘못 만들어진 책은 구입하신 서점에서 바꾸어 드립니다.
· **책값은 뒤표지에 있습니다.**